– Kishon –
für Manager

Kishon für Manager

Satirische Tips und Tricks
für alle Wirtschaftslagen

*Mit einem kleinen
Wirtschafts-ABC*

Wirtschaftsverlag Langen-Müller/Herbig

Ins Deutsche übertragen von Friedrich Torberg,
Gerhard Bronner und Ephraim Kishon

4. Auflage 1988
Lizenzausgabe für den Wirtschaftsverlag Langen Müller
© 1987 Alle Rechte für die deutsche Sprache
by Albert Langen Georg Müller Verlag GmbH, München · Wien
Verlagsredaktion: Brigitte Sinhuber-Erbacher
Schutzumschlag: Christel Aumann, München
Satz: Filmsatz Schröter GmbH, München
Gesetzt aus: 11/13.5 Palatino auf Linotron 202
Druck: Jos. C. Huber KG, Dießen
Binden: Thomas Buchbinderei, Augsburg
Printed in Germany
ISBN 3-7844-7225-7

Inhalt

Karriere 9

Projekte 13

Inflationskrise 19

Kork in Nachtschicht 22

Der lange Arm der Stadtverwaltung 31

Unverhoffter Alltag eines Ministers 34

Poker 42

13 ist eine Glückszahl 45

Der Fall des Großindustriellen K. 52

Wie man sich die Versicherung sichert 57

Volksvertrauen 62

Agententerror 67

Made in Japan 70

Keine Gnade für Gläubiger 78

Buchmarkt 85

Marktpsychologie 87

Bargeldloser Verkehr 90

Der Wundergürtel 96

Tagebuch eines Budget-Gestalters 99

Probleme der Kollegialität 106

Anleihe als Risikofaktor 110

Der Tag, an dem Mammon verblich 118

Wohnungsmarkt 125

Ein Versager 128

Kleingedrucktes 135

Ehrlich, aber nicht offen 138

Die Jagd nach dem Yen 142

Der Kampf um den Lebensstandard 148

Eine historische Begegnung 154

Opfer der Inflation 159

Die Gummizulage 164

Elefantiasis als Wirtschaftsindex 171

Wirtschaftskunst 176

Der Eindringling und die Wohltäter 180

Sozialpolitik 189

Familienplanung 193

Das Land der Betrüger 197

Der verwaltete Konkurs 205

Kleines Wirtschafts-ABC 211

Karriere

Aaron Weinreb war das schwarze Schaf in der Familie. Seinem Vater, einem angesehenen Inhaber einer blühenden Wechselstube, kamen die ersten Bedenken in bezug auf seinen Sohn, als dieser nicht wie alle anderen kleinen Buben mit Murmeln spielte, sondern sich im zarten Alter von fünf Jahren in die Küche begab und den Mixer auseinandernahm, um zu sehen, woraus er gemixt war. Auch die liebende Mutter zeigte Besorgnis:
»Das Kind ist zu intelligent«, drängte sie ihren Gatten, »unternimm irgend etwas.«
Papa Weinreb besorgte seinem Kind in Windeseile eine Raketenpistole mit Supermankleidung und nahm ihn zu Fußballspielen mit, jedoch ohne Erfolg. Aaron war ein unverbesserlicher kleiner Intellektueller. In der Schule fühlte er sich wohl wie ein Fisch im Wasser, war ständig der Klassenerste und verbrachte die Tage damit, seine Nase in dicke Bücher zu stecken. Die Zukunft schien düster, wahrhaftig. Eines Tages setzte sich Papa Weinreb hin, um mit seinem Sohn ein Gespräch zu führen:

»Mein Junge«, begann er, »es ist eines Vaters Pflicht seinen Sohn zu warnen. Wenn du dich nicht bald änderst, wird es ein schlimmes Ende mit dir nehmen. Du gehörst einer guten und angesehenen Familie an, deren Mitglieder durchwegs respektable Positionen erreicht haben. Dein Onkel Moses ist ein prominenter Grundstücksmakler, Onkel Avigdor ein überdurchschnittlicher Steuerberater, und was mich betrifft, so bin ich, wie du wohl weißt, ein allseits geschätzter Wucherer. Auch deine Brüder zeigen vielversprechende Anlagen: Amitai wird demnächst Teilhaber des Nachtlokals, in dem er derzeit als Barmixer arbeitet, und Micky hat als diplomierter Tierstimmenimitator einen großen politischen Aufstieg vor sich. Nur du, mein Junge, verschwendest deine Zeit mit Büchern. Willst du, Gott behüte, Gelehrter werden? Du? Ein Sohn Weinrebs – Gelehrter?«

Aaron senkte schweigend sein Haupt und überließ seine Eltern ihrer Verzweiflung.

Seine Mutter weinte nachts in ihre Kissen: »Er wird noch als Bettler enden«, schluchzte die untröstliche Frau. »Mein armer Aaron wird sich mit einem Hungerlohn durchschlagen müssen. Er wird weniger verdienen als eine Putzfrau.«

»Das kann man nicht so genau wissen«, versuchte ihr Gatte sie zu beschwichtigen. »Vielleicht wird er einmal eine große Familie haben und mehr staatliche Kinderhilfe beziehen als jede ledige Raumpflegerin.«

Mama Weinreb startete ihren letzten Versuch:

»Also gut«, sagte sie zu ihrem mißratenen Sohn. »Wenn du schon unbedingt studieren mußt, dann tu mir den Gefallen und werde wenigstens Gynäkologe.«

Aaron aber war an diesem Metier gar nicht interessiert. Was er schon immer werden wollte – und zwar seit dem Tag, da er zum ersten Mal mit dem Mixer in Fühlung kam – war Physiker.

»Es ist alles deine Schuld«, warf Mama Weinreb ihrem Gatten vor. »Du hast ihm damals erklärt, wie der Motor in deinem Wagen funktioniert. Einmal hast du ihn sogar die Kerzen reinigen lassen.«

»Ich habe doch gehofft, aus ihm einen Taxifahrer mit regelmäßigem, steuerfreien Trinkgeldeinkommen zu machen«, gestand der alte Weinreb mit gebrochener Stimme. »Wie hätte ich je ahnen sollen, daß der Lümmel studieren will?«

Die Weinrebs trösteten sich inzwischen mit den brillanten Karrieren seiner Brüder. Amitai hatte das Nachtlokal verkauft und gründete eben einen exklusiven Massagesalon, während Micky, der diplomierte Tierstimmenimitator, mit großem Erfolg die ideologische Kampagne seiner Partei leitete und im Begriff war, für das Parlament zu kandidieren.

Die alten Weinrebs hofften immer noch, daß Aaron vielleicht bei der Schlußprüfung durchfallen würde, aber Wunder sind heutzutage eine Sache der Vergangenheit. Aaron absolvierte »summa cum laude«, sank auf den Status eines fix besoldeten Lehrbeauftragten herab und fiel seiner Familie zur Last. Auch seine Heirat änderte nichts an der Misere, denn er brachte nur zwei Kinder zustande, und die ihm zustehende staatliche Kinderbeihilfe war nicht der Rede wert. Wenn sein Onkel Avigdor, der zum Millionär avancierte Steuerexperte, ihm nicht eine kleine Wohnung gekauft hätte, würde er vermutlich immer noch bei den Eltern leben.

Und hier könnte unsere traurige Geschichte enden, wenn nicht eines Tages die Professoren des Landes in einen Hungerstreik getreten wären.

Auch unser Aaron folgte dem Streikaufruf, obwohl dies eine persönliche Konfrontation mit seinem Bruder Micky brachte, da der brillante Tierstimmenimitator inzwischen als stellvertretender Kultusminister amtierte.

Der Professorenstreik zog sich endlos hin, und eines Tages erblickte der alte Weinreb die große Chance: er empfahl seinem arbeitslos gewordenen Sohn, eine Auslandsreise anzutreten. Der weitblickende Alte besorgte ihm sogar auf eigene Kosten ein Flugticket.

Aaron stieg aus dem Flugzeug und mußte die traurige Erfahrung machen, daß sein Physikerdiplom im Ausland nicht anerkannt wurde. So blieb ihm also nichts anderes übrig, als die Laufbahn eines freien Handwerkers, genauer gesagt Installateurs, anzustreben.

Heute ist er ein wohlhabender Mann, der mit seinem Schicksal äußerst zufrieden ist.

Die Moral der Geschichte: man soll die Hoffnung nie aufgeben.

Projekte

»Direktor Schultheiß, bevor wir mit dem Verhör beginnen, möchten wir Sie darauf hinweisen, daß Sie nicht aussagen müssen. Der parlamentarische Finanzausschuß, vor dem Sie stehen, kann Sie nicht dazu zwingen.«
»Vielen Dank für den Hinweis, Herr Vorsitzender.«
»Bitte.«
»Kann ich jetzt gehen?«
»Gewiß. Wir hätten uns allerdings sehr gerne mit Ihnen über die Verluste Ihrer Investitionsgesellschaft unterhalten, die ja schließlich von der Regierung unterstützt wird, also gewissermaßen eine offiziöse Körperschaft ist.«
»Woher wissen Sie, daß wir Verluste hatten?«
»Aus den Zeitungen, Herr Schultheiß.«
»Sie glauben, was in den Zeitungen steht? Die haben zuerst geschrieben, daß sich unsere Verluste auf 20 Millionen belaufen, dann waren es 40 Millionen, und jetzt halten wir bei 70. Über eine solche Berichterstattung kann man nur lachen.«
»Und wie hoch sind Ihre Verluste wirklich?«

»Mindestens doppelt so hoch. Da sehen Sie selbst, was von Zeitungsmeldungen zu halten ist.«
»Wie sind Ihre Verluste zustande gekommen?«
»Das werden wir erst feststellen können, wenn wir alle Initiativsubventionen von der Regierung kassiert haben. Ich wäre dafür, daß wir vorläufig von einem kontrollierten Profitmangel sprechen.«
»Aber für einen Profitmangel muß es doch Ursachen geben?«
»Natürlich.«
»Also? Woran liegt's?«
»Zumeist an den Umständen. Gelegentlich auch daran, wie sich die Dinge entwickeln. Es ist eine sehr komplizierte Angelegenheit, meine Herren.«
»Könnten Sie uns das vielleicht an einem Beispiel erklären?«
»Mit Vergnügen. Nehmen wir zum Beispiel das Staudammprojekt in Sansibar. Ein vielversprechender Auftrag. Wir hatten gigantische Bauvorrichtungen installiert, hatten die waghalsigsten Konstruktionsprobleme gelöst, hatten sogar die bestehenden Sprachschwierigkeiten überwunden – und dann kam eine Springflut, die alle unsere Berechnungen wegschwemmte.«
»Bauvorrichtungen welcher Art?«
»Abwehrdämme und Ablenkungskanäle für Springfluten. Es war ein hochinteressantes Projekt.«
»Auf welche Weise haben Sie den Auftrag bekommen?«
»Wir arbeiten mit Vermittlern, wie die anderen regierungsnahen Körperschaften. Unsere Kalkulationen

sind immer sehr konservativ. Von den Gesamtkosten des Projekts ziehen wir zunächst die voraussichtlichen Verluste unserer Gesellschaft ab...«
»In welcher Höhe?«
»In möglichst geringer Höhe. Gewöhnlich veranschlagen wir 15 bis 30 Prozent Verlust. Da sind aber die Bestechungsgelder noch nicht inbegriffen.«
»Warum nicht?«
»Weil wir es vermeiden möchten, zwischenmenschliche Beziehungen mit harten Geschäftspraktiken zu belasten. Deshalb werden die Bestechungen in unseren Büchern gesondert aufgeführt.«
»Wo genau?«
»In meinem kleinen schwarzen Notizbuch. Hier, sehen Sie: ›An Muki 750 000 für Käfigzug.‹ Steht alles drin.«
»Was heißt Käfigzug?«
»Das weiß ich nicht mehr. Aber es war ein hochinteressantes Projekt. Oder hier: Aga Khan 903 705 – nein, das ist seine Telefonnummer, entschuldigen Sie.«
»Stimmt es, daß Sie über zwanzig Millionen für Bestechungen ausgegeben haben?«
»Das ist eine besonders komplizierte Angelegenheit.«
»Immerhin möchten wir hören, wie das vor sich geht.«
»Sehr diskret. Unser Vertrauensmann begibt sich mit einem schwarzen Köfferchen voller Banknoten ins Ausland, zahlt an irgend jemanden irgendeine Summe, kommt zurück und meldet: ›Alles in Ordnung.‹ Das wichtigste ist, daß es keine Zeugen gibt,

daß die ganze Sache still und taktvoll abgewickelt wird. In den meisten Fällen wissen wir nicht einmal, wer das Geld bekommen hat und wo. Nehmen wir den Fall des afghanischen Innenministers. In einer dunklen Nacht haben wir ihm 2 Millionen durch das offene Fenster zugeworfen, damit er uns den Auftrag für den Bau des afghanischen Kanalisationssystems erteilt.«

»Und das hat geklappt?«

»Nein. Wir entdeckten zu spät, daß an der betreffenden Adresse nicht der Innenminister wohnte, sondern ein Innenarchitekt, der einige Monate zuvor gestorben war. Wer kennt sich schon in einem afghanischen Telefonbuch aus?«

»Wie wurde der Verlust abgebucht?«

»Unter dem Kennwort ›Höhere Gewalt‹. Unsere Gesellschaft hat eine sogenannte Mono-Balance-Buchhaltung entwickelt. Auf der einen Seite werden die Ausgaben verbucht, und für die Einnahmen-Seite haben wir einen Stempel ›Keine Sorge!‹. Das System hat sich sehr bewährt.«

»Bleibt immer noch zu klären, wen oder was Sie für Ihr Defizit verantwortlich machen.«

»Das Schicksal. Es hat viele unserer Pläne vereitelt. Vielleicht nicht mit Absicht, aber doch. Ich denke da etwa an die Auffüllung der nicaraguanischen Küste.«

»Was war das?«

»Ein hochinteressantes Projekt. Wir hatten uns mit der Regierung von Nicaragua auf 60 Millionen Cordobas geeinigt, zu einem Umrechnungsschlüssel von 1 Cordoba = 1 Shekel.«

»Warum haben Sie keine Abwertungsklausel in Ihrem Vertrag gehabt?«

»Das war die Bedingung der nicaraguanischen Regierung. Sonst hätten wir den Auftrag für dieses Projekt nicht bekommen.«

»Bitte sagen Sie nicht immer ›Projekt‹, Herr Schultheiß. Der Ausdruck macht uns nervös.«

»Wie Sie wünschen. Es ist jedenfalls eine sehr komplizierte Angelegenheit.«

»Wurden Sie von der Regierung nie über Ihre Verluste befragt?«

»Ununterbrochen. Mindestens einmal im Monat erkundigte sich das Wirtschaftsministerium nach dem Stand der Dinge, und meine Antwort lautete immer: ›Klopfen Sie auf Holz!‹ Ich habe diesen Vorschlag auch mehrmals schriftlich gemacht.«

»Aber auf die Dauer muß es doch zwischen den Regierungsbehörden und Ihnen zu Reibereien gekommen sein?«

»Und ob. Als wir den Dalai Lama bestachen, um an der tibetanischen Agrarreform beteiligt zu werden, luden wir ihn nachher zum Mittagessen ein, und das Finanzministerium weigerte sich, die Rechnung zu übernehmen. Sie bewilligte uns nur 8 Shekel, und auch das nur unter der Voraussetzung, daß das Restaurant nicht weiter als 8 km vom Palast des Lama entfernt wäre. Es kam zu einer Auseinandersetzung. Schließlich appellierten wir an den Obersten Gerichtshof und erreichten eine Vergütung in der Höhe von 9.50. Ich frage Sie, meine Herren, wie man unter solchen Umständen arbeiten soll.«

»Das ist in der Tat nicht ganz leicht.«
»Sie müssen sich außerdem vor Augen halten, daß wir weder Repräsentationsgelder noch Diäten bekommen. Was bleibt uns übrig, als Darlehen aufzunehmen? Allein die Zinsen für diese Darlehen belaufen sich auf eine Viertelmillion in der Woche. Seit Beginn dieses Gesprächs haben wir bereits 20 000 Shekel verplaudert. Ich beantrage Schluß der Debatte.«
»Noch eine Frage, Herr Schultheiß. Wer bezahlt das alles?«
»Ich, meine Herren. Ich und die anderen Bürger unseres Landes. Ich komme meinen Bürgerpflichten nach. Ich zahle meine Steuern, um das Schatzamt mit dem Geld zu versorgen, das zur Deckung der uns zugestandenen Garantien benötigt wird.«
»Wer, Herr Schultheiß, hat Ihrer Gesellschaft diese Garantien zugestanden?«
»Sie.«
»Wir?«
»Jawohl, Sie. Der parlamentarische Finanzausschuß.«
»Es ist spät geworden, finden Sie nicht?«
»Allerdings. Und das Ganze ist eine sehr komplizierte Angelegenheit.«
»Wir danken Ihnen für Ihre Mühe, Herr Schultheiß. Nach den Wahlen reden wir weiter.«
»Ein hochinteressantes Projekt.«

Inflationskrise

»Also«, wandte sich der Finanzminister an diesem denkwürdigen Abend an seinen Kabinettchef, »was wurde heute teurer?«
»Mmh«, der Kabinettchef wich dem Blick des Ministers aus, »heute... mmh... nichts. Heute nichts.«
»Hör zu, KC«, der Minister wurde ungeduldig, »für billige Witze ist meine Zeit zu kostbar.«
»Es ist kein Witz«, erwiderte der KC. »Heute ist kein einziger Preis gestiegen. Ich habe keine Ahnung, wie das passieren konnte. Die Preise sind seit gestern eingefroren. Das ist ein unumstößliches Faktum. Irgendwo muß Sand ins Getriebe gekommen sein. Aber wenn es sein muß, bin ich bereit, die persönliche Verantwortung dafür zu übernehmen. Deshalb möchte ich den Herrn Minister bitten, hiermit meinen Rücktritt zu akzeptieren.«
Der Minister wurde blaß. Einen Moment lang saß er regungslos da, erstarrte wie der Preisindex, dann schlug er mit der Faust auf die Schreibtischplatte:
»Verdammt noch mal! Und das sagen Sie mir erst jetzt, kurz vor Feierabend?«

»Wir haben alle bis zur letzten Minute gehofft, daß irgendein Preis steigen würde«, wand sich der Kabinettchef.
Der Minister hob mit zittriger Hand den Telefonhörer ab.
»Hallo, Handelsministerium? Was ist mit den Zigaretten?«
»Wir bedauern«, wurde ihm bedeutet, »die Erhöhungen kommen immer am Wochenende.«
»Was ist mit dem Salz?«
»Morgen.«
»Kartoffeln?«
»Wurden vorgestern erhöht.«
»Hühneraugenpflaster?«
»Vor fünf Tagen.«
»Schwimmunterricht?«
Der Minister wartete die Antwort gar nicht mehr ab. In panischem Schrecken sah er auf die Uhr und schrie: »Nur noch eine halbe Stunde Zeit!« Er stürzte aus dem Haus, warf sich in seinen Dienstwagen und raste mit Blaulicht ins Postministerium.
»Ich flehe euch an, erhöht mir irgend etwas. Telefongespräche, Briefporto, was immer euch einfällt. Es geht um Leben und Tod.«
»Gerne«, sagte man ihm, »aber für heute ist es leider schon zu spät.«
Der Minister raste zum Elektrizitätswerk.
»Heute leider nicht«, lautete das Urteil. »Der Ölpreis wurde eben um 8 Cent gesenkt.«
Er raste ins Textilmuseum, wo man einhellig die Köpfe schüttelte:

»Nichts zu machen, Exzellenz. Aber wenn Sie nach dem nächsten Monatsersten kommen, werden wir weitersehen.«

Der Minister war in dieser halben Stunde um Wochen gealtert. Er fuhr zurück in sein Büro und ließ den Kabinettchef antreten:

»Melden Sie sofort der Presse«, befahl er, »daß in Anbetracht der steigenden Rohstoffpreise einerseits und infolge der Auswirkungen auf die Produktionskosten andererseits wir uns gezwungen sehen, die Preise irgendeines Produktes um 14½ Prozent zu erhöhen. Näheres wird in Kürze bekannt gegeben.«

Der Kabinettchef eilte in sein Büro, um die Presse zu verständigen, während der Minister sich erleichtert in seinem Sessel zurücklehnte: »Geschafft«, atmete er erleichtert auf. »Wenigstens haben wir eine Panik in der Bevölkerung verhindert.«

Kork in Nachtschicht

Die »Israelische Kork GmbH«, erst vor wenigen Jahren gegründet, zählt heute zu den erfolgreichsten Unternehmungen unseres prosperierenden Wirtschaftslebens. Sie deckt nicht nur den heimischen Korkbedarf, sondern hat beispielsweise auch in Zypern Fuß gefaßt und den dortigen Markt erobert.

Gewiß, die Firma erfreut sich besonderen Entgegenkommens seitens der israelischen Behörden und erhält für jeden Export-Dollar eine Subvention von 165%. Aber man muß bedenken, daß die von ihr verwendeten Rohmaterialien aus der Schweiz kommen und die von ihr beschäftigten Arbeiter aus der Gewerkschaft.

Jedenfalls gilt die »Israeli Kork« als ein hervorragend geführtes und höchst rentables Unternehmen, dessen Gewinne sich noch ganz gewaltig steigern werden, wenn wir erst einmal den lang ersehnten Anschluß an die Europäische Wirtschafts-Gemeinschaft gefunden haben.

Der Beginn der Krise steht auf den Tag genau fest. Es war der 27. September.
An diesem Tag ließ Herr Steiner, der Gründer der Gesellschaft und Vorsitzender des Verwaltungsrats, den von der Gewerkschaft eingesetzten Betriebsobmann rufen, einen gewissen Joseph Ginzberg, und sprach zu ihm wie folgt:
»Die Fabrikanlage ist in der Nacht vollkommen unbeaufsichtigt, Ginzberg. Es fällt zwar nicht in Ihre Kompetenz, aber der Ordnung halber teile ich Ihnen mit, daß wir beschlossen haben, einen Nachtwächter anzustellen.«
»Wieso fällt das nicht in meine Kompetenz?« fragte Joseph Ginzberg. »Natürlich fällt das in meine Kompetenz, Steiner. Der Betriebsrat muß ja eine solche Maßnahme erst bewilligen.«
»Ich brauche keine Bewilligung von Ihnen, Ginzberg«, sagte Steiner. »Aber wenn Sie Wert darauf legen – bitte sehr.«
Die Kontroverse erwies sich als überflüssig. Der Betriebsrat bewilligte ohne Gegenstimme die Einstellung eines älteren Fabrikarbeiters namens Trebitsch als Nachtwächter, vorausgesetzt, daß er eine angemessene Nachtzulage bekäme und ein Drittel seines Gehalts steuerfrei, da sollen die Zeitungen schreiben, was sie wollen. Der Verwaltungsrat ging auf diese Bedingungen ein, und der alte Trebitsch begann seine Nachtwache.
Am nächsten Tag erschien er beim Betriebsobmann: »Ginzberg«, sagte er, »ich habe Angst. Wenn ich die ganze Nacht so allein bin, habe ich Angst.«

Der Betriebsobmann verständigte unverzüglich den Firmeninhaber, der prompt einen neuen Beweis seiner arbeiterfeindlichen Haltung lieferte: er verlangte, daß Trebitsch, wenn er für den Posten eines Nachtwächters zu alt, zu feig oder aus anderen Gründen ungeeignet sei, wieder auf seinen früheren Posten zurückkehre.

Daraufhin bekam er aber von Joseph Ginzberg einiges zu hören:

»Was glauben Sie eigentlich, Steiner? Mit einem Menschen können Sie nicht herumwerfen wie mit einem Stück Kork! Außerdem haben wir für Trebitsch bereits einen neuen Mann eingestellt – und den werden wir nicht wieder wegschicken, nur weil Sie unsozial sind. Im Interesse Ihrer guten Beziehungen zu den Arbeitnehmern lege ich Ihnen nahe, den alten Mann in der Nacht nicht allein zu lassen und einen zweiten Nachtwächter anzustellen.«

Steiners Produktionskosten waren verhältnismäßig niedrig, etwa 30 Piaster pro Kork, und er hatte kein Interesse an einer Verschlechterung des Arbeitsklimas. In der folgenden Nacht saßen in dem kleinen Vorraum, der bei Tag zur Ablage versandbereiter Detaillieferungen diente, zwei Nachtwächter.

Ginzberg erkundigte sich bei Trebitsch, ob jetzt alles in Ordnung wäre.

»So weit, so gut«, antwortete Trebitsch. »Aber wenn wir die ganze Nacht dasitzen, bekommen wir natürlich Hunger. Wir brauchen ein Buffet.«

Diesmal erreichte der Zusammenstoß zwischen Steiner und seinem Betriebsobmann größere Ausmaße.

Zur Anstellung einer Köchin und zur Versorgung der beiden Nachtwächter mit Kaffee und heißer Suppe wäre der Verwaltungsrat noch bereit gewesen. Aber daß Ginzberg obendrein die Anstellung eines Elektrikers verlangte, der das Licht am Abend andrehen und bei Morgengrauen abdrehen sollte – das war zuviel.

»Was denn noch alles?!« eiferte sich Steiner. »Können die beiden Nachtwächter nicht mit einem Lichtschalter umgehen?!«

»Erstens, Steiner, schreien Sie nicht mit mir, weil mich das kaltläßt«, erwiderte Ginzberg mit der für ihn typischen Gelassenheit. »Und zweitens können die beiden Nachtwächter natürlich sehr gut mit einem Lichtschalter umgehen, denn sie sind keine kleinen Kinder. Jedoch! Die In- und Außerbetriebsetzung elektrischer Schaltvorrichtungen stellt eine zusätzliche Arbeitsleistung dar und erscheint geeignet, einer hierfür geschulten Arbeitskraft die Arbeitsstelle vorzuenthalten, Steiner. Wenn die Direktion zwei Nachtwächter beschäftigen will, hat der Betriebsrat nichts dagegen einzuwenden. Aber ein Nachtwächter ist nicht verpflichtet, auch noch als Elektriker zu arbeiten.«

»Ginzberg«, sagte Steiner, »darüber zu entscheiden, ist ausschließlich Sache der Direktion.«

»Steiner«, sagte Ginzberg, »dann müssen wir den Fall vor die Schlichtungskommission bringen.«

Das geschah. Wie zu erwarten, beriefen sich beide Teile auf §27 Abs. I des Kollektivvertrags, der da lautet: ». . . dem Arbeitgeber steht das Recht zu, in-

nerhalb des Betriebes alle technischen Maßnahmen zu treffen, soweit dadurch keine Veränderung in den Arbeitsbedingungen eintritt.«
»Da haben Sie's«, sagte Ginzberg. »Es tritt eine Veränderung ein, Steiner.«
»Es tritt *keine* Veränderung ein, Ginzberg.«
»Es tritt!«
»Es tritt nicht!«
Nachdem die Auseinandersetzung 36 Stunden gedauert hatte, schlug der Sekretär der zuständigen Gewerkschaft einen Kompromiß vor, der dem Standpunkt der Arbeiterschaft Rechnung trug und zugleich der »Israeli Kork« die Möglichkeit gab, ihr Gesicht zu wahren. Mit anderen Worten: es wurden sowohl eine Köchin für das Nachtbuffet als auch ein hochqualifizierter Elektriker für die Beleuchtung angestellt, aber in Wahrheit würde nicht der Elektriker das Licht an- und abdrehen, sondern die Köchin, wobei dem Elektriker lediglich die technische Oberaufsicht vorbehalten bliebe.
»Es ist«, erklärte der Sekretär nach der feierlichen Unterzeichnung der Vertragsdokumente, »meine aufrichtige Hoffnung und Überzeugung, daß es fortan auf diesem wichtigen Sektor unserer heimischen Industrie zu keinen Mißverständnissen mehr kommen wird, so daß alle aufbauwilligen Kräfte sich künftighin den großen Zielen unserer neuen Wirtschaftspolitik widmen können, der Wachstumsrate unserer Produktion, dem Einfrieren der Gehälter –«
An dieser Stelle wurde er von Ginzberg unterbrochen, und die Zeremonie war beendet.

Die nächsten zwei Tage verliefen ohne Störung. Am dritten Tag wurde der Obmann des Betriebsrats neuerlich zum Vorsitzenden des Verwaltungsrats gerufen, der ihm ein großes Blatt Papier entgegenschwenkte:
»Was ist *das* schon wieder?!« zischte er. »Was bedeutet das?!«
»Ein Ultimatum«, antwortete Ginzberg. »Warum?«
Das Papier in Steiners Hand enthielt die Forderung der vier Nachtarbeiter, die den rangältesten Nachtwächter Trebitsch zu ihrem Vertreter gewählt hatten. Die wichtigsten Punkte waren:
1. Einstellung eines qualifizierten Portiers, der für die Nachtbelegschaft das Tor zu öffnen und zu schließen hätte;
2. 15%ige Erhöhung jenes Teils der Gehälter, der nicht zur Kenntnis der Steuerbehörde gelangt, wobei die Bilanzverschleierung der Direktion überlassen bliebe;
3. Ankauf eines jungen, kräftigen Wachhundes;
4. Pensionen und Versicherungen;
5. Anschaffung einer ausreichenden Menge von Decken und Matratzen.

Diese Forderungen wurden von ihren Urhebern als »absolutes Minimum« bezeichnet. Für den Fall einer unbefriedigenden Antwort wurden scharfe Gegenmaßnahmen in Aussicht gestellt.
»Ginzberg«, röchelte Steiner, »auf diese Unverschämtheiten gehe ich nicht ein. Lieber schließe ich die Fabrik, mein Ehrenwort.«
»Das wäre eine Aussperrung der kollektivvertraglich

geschützten Arbeiter. Das würde die Gewerkschaft nie zulassen. Und wer sind Sie überhaupt, Steiner, daß Sie uns immer drohen?«
»Wer ich bin?! Der Inhaber dieser Firma bin ich! Ihr Gründer! Ihr Leiter!«
»Über so kindische Bemerkungen kann ich nicht einmal lachen. Die Fabrik gehört denen, die hier arbeiten.«
»Wer arbeitet denn hier? Das nennen Sie arbeiten? Wo uns die Herstellung eines einzigen Flaschenkorks schon 55 Piaster kostet?«
Joseph Ginzberg ging eine Weile im Zimmer auf und ab, ehe er vor Steiner stehenblieb:
»Steiner«, sagte er traurig, »Sie sind entlassen. Holen Sie sich Ihr letztes Monatsgehalt ab und verschwinden Sie...«

Indessen wartete auf Ginzberg ein harter Rückschlag: die Fachgruppe Korkarbeiter der Gewerkschaft erklärte sich mit Steiners Entlassung nicht einverstanden.
»Genosse Ginzberg«, sagten die Vertrauensmänner gleich zu Beginn der improvisierten Sitzung, »einen Mann, der über eine fünfzehnjährige Erfahrung als Chef verfügt, kann man nicht hinauswerfen, ohne ihm eine größere Abfindung zu zahlen. Deshalb würden wir dir nahelegen, auf den einen oder anderen Punkt des Ultimatums zu verzichten. Wozu, beispielsweise, brauchst du einen jungen Wachhund?«
»Genossen«, antwortete Ginzberg trocken, »ihr seid

Knechte des Monopolkapitalismus, Lakaien der herrschenden Klasse und Verräter an den Interessen der Arbeiterschaft. Bei den nächsten Wahlen werdet ihr die Quittung bekommen, Genossen!«
Und er warf dröhnend die Tür hinter sich zu.

Die Gruppe Trebitsch befand sich nun schon seit drei Tagen in passiver Resistenz. Die beiden Nachtwächter machten ihre Runde mit langsamen, schleppenden Schritten, die Köchin kochte die Suppe auf kleiner Flamme und servierte sie mit Teelöffeln. Als es zu Sympathiekundgebungen verwandter Fachgruppen kam und die Brauerei- und Nachtklubarbeiter einen zwei Minuten langen Warnstreik veranstalteten, griff das Zentralkomitee der Gewerkschaft ein. Der Großkapitalist, der diese ganze Entwicklung verursacht hatte, wurde zu einer Besprechung ins Gewerkschaftshaus geladen, wo man ihm zusprach:
»Im Grunde geht es ja nur um eine Lappalie, Genosse Steiner. Haben Sie doch ein Herz für den alten Genossen Trebitsch! Erhöhen Sie einen Teil seines Gehalts, ohne daß es die Genossen von der Einkommensteuer erfahren. Matratzen und Decken können Sie aus unserem Ferienfonds haben, für den Portier und den Hund lassen Sie vielleicht Gelder aus dem Entwicklungsbudget flüssigmachen. Und was die Pensionen betrifft – bevor die Mitglieder der Gruppe Trebitsch pensionsreif werden, haben Sie sowieso schon alle Eigentumsrechte an Ihrer Fabrik verloren, und das Ganze geht Sie nichts mehr an. Seien Sie vernünftig.«

Steiner blieb hart:
»Nichts zu machen, meine Herren. Schaffen Sie mir die Trebitsch-Bande vom Hals, dann reden wir weiter.«
»Ein letzter Vorschlag zur Güte, Genosse Steiner. Wir erlassen Ihnen den Ankauf eines Wachhundes, wenn Sie einwandfrei nachweisen, daß er überflüssig ist. Aber dazu müßten Sie Ihre gesamte Produktion auf Nachtschicht umstellen.«

So kam es, daß die »Israelische Kork GmbH« zur Nachtarbeit überging. Die Belegschaft bestand aus einer einzigen Schicht und umfaßte alle sechs Arbeiter, die Sekretärin und Herrn Steiner selbst. Anfangs ergaben sich Überschneidungen mit bestimmten Abendkursen der Volkshochschule oder mit kulturellen Ereignissen, aber die Schwierigkeiten wurden mit Hilfe technischer Verbesserungen und eines langfristigen Regierungsdarlehens überwunden. Es gelang dem Unternehmen sogar, den Preis exportfähiger Korke auf 1 Shekel pro Stück zu fixieren. Die Gemüter beruhigten sich, die Produktion normalisierte sich.
Eines Nachts ließ der Vorsitzende des Verwaltungsrats den Obmann des Betriebsrats kommen und sprach zu ihm wie folgt:
»Die Fabrikanlage ist den ganzen Tag unbeaufsichtigt, Ginzberg. Es fällt zwar nicht in Ihre Kompetenz, aber der Ordnung halber teile ich Ihnen mit, daß wir beschlossen haben, einen Wächter anzustellen...«

Der lange Arm der Stadtverwaltung

Wieder einmal schlenderte ich mit meinem Freund Jossele, dem erfindungsreichen Weltmeister im Nichtstun, von einem Kaffeehaus zum andern, wieder einmal wußten wir nicht, was wir mit dem angebrochenen Nachmittag beginnen sollten. Schon wollten wir mangels einer würdigen Zerstreuung auseinandergehen, als Jossele plötzlich einen Einfall hatte:
»Weißt du was? Laß uns das ›Wir kommen von der Stadtverwaltung‹-Spiel spielen!«
Damit zog er mich ins nächste Haus und läutete an der nächsten Tür. Als uns geöffnet wurde, schob er mich voran und trat ein.
»Schalom«, sagte er. »Wir kommen von der Stadtverwaltung.«
Der Wohnungsinhaber wurde blaß, umarmte seine Frau und fragte nach dem Grund unseres Besuchs.
»Sie haben verabsäumt, die Anzahl der Stühle in Ihrer Wohnung anzugeben«, sagte Jossele und zog aus seiner Brusttasche einige Papiere hervor, Briefe, nicht erfüllte Zahlungsaufforderungen und derglei-

chen. »Ihre Erklärung ist seit langem überfällig, mein Herr!«
»Welche Erklärung?«
»Ihre Steuererklärung für die in Ihren Wohnräumen vorhandene Bestuhlung. Jede Sitzgelegenheit muß angegeben werden. Lesen Sie keine Zeitungen?«
»Ich... ja...«, stotterte der Schuldige. »Ich habe... irgend etwas habe ich schon gelesen... Aber ich dachte, das bezieht sich nur auf Büroräume.«
»Dürfen wir eine Bestandsaufnahme durchführen?« fragte Jossele mit ausgewählter Höflichkeit.
Wir gingen durch die Wohnung und notierten vier Fauteuils im Wohnzimmer, je zwei Stühle in den beiden Schlafzimmern und einen unter dem Küchentisch versteckten Schemel. Das Ehepaar folgte uns zitternd.
»Haben Sie vielleicht Eimer im Haus?« fragte Jossele als nächstes.
»Ja. Einen.«
»Kann umgedreht werden und gilt als Notsitz.«
Jossele notierte den Zuwachs.
Jetzt wurde der Mann wütend:
»Das geht zu weit! Als ob ich nicht schon genug Steuern zu zahlen hätte!«
»Was wollen Sie von mir?« replizierte Jossele mit beleidigter Unschuldsmiene. »Ich bin nur ein kleiner Beamter, der seine Instruktionen befolgt.« Dann sah er dem Objekt seiner Instruktionen fest in die Augen und sagte: »Das Ganze wird Sie auf ungefähr 270 Shekel kommen.«
Die Hausfrau, offenbar der ängstlichere Teil des

Ehepaars, wollte den Betrag sofort in bar erlegen. Jossele verweigerte die Annahme des Geldes; er wisse ja nicht, wie hoch die Zusatzsumme für das Zahlungsversäumnis sein würde.

Damit verabschiedeten wir uns.

In der nächsten Wohnung registrierten wir die Schlüssellöcher und belegten sie mit einer jährlichen Steuer von 390 Shekel.

In der übernächsten Wohnung waren die Glühbirnen dran.

Nach einer Stunde hatten wir das ganze Haus mit namhaften Steuervorschreibungen versorgt.

Was immer man gegen die Stadtverwaltung vorbringen mag – manchmal sorgt sie auch für einen unterhaltsamen Nachmittag.

Unverhoffter Alltag eines Ministers

Die Limousine des Ministers blieb unterwegs plötzlich stehen. Gabi, der Fahrer, stellte den Motor ab und wandte sich um:
»Tut mir leid, Chef – aber Sie haben ja den Rundfunk gehört.«
Das bezog sich auf die Neun-Uhr-Nachrichten, die den Streik der Kraftfahrergewerkschaft angekündigt hatten. Die Kraftfahrergewerkschaft wollte sich mit der Gewerkschaft der Chemie-Ingenieure fusionieren, oder wollte die Fusion mit der Transportarbeitergewerkschaft rückgängig machen, oder vielleicht wollte sie etwas anderes. Jedenfalls streikte sie.
Gabi verließ den Wagen und begab sich ins Gewerkschaftshaus, um Instruktionen einzuholen.
Der Minister saß mitten auf der Straße. Er konnte nicht Auto fahren. Erfindungen, die auf einen Knopfdruck hin laute Geräusche erzeugen, flößten ihm seit jeher Angst ein. Soweit seine Erinnerung zurückreichte, hatte er nur ein einziges Mal ein Auto gesteuert. Das war vor vierzig Jahren, in einem Vergnügungspark, wo der Minister – damals noch jung

und ehrgeizig – sich einem Autodrom anvertraut hatte. Später war er dann der führenden Partei beigetreten, hatte Karriere gemacht und jederzeit einen Fahrer zur Verfügung gehabt.

Jetzt werde ich wohl einen Helikopter bestellen müssen, dachte der Minister. Man erwartete ihn zu einer dringlichen Kabinettssitzung. Auf dem Programm stand die Krise der Zementindustrie. Um elf Uhr.

Der Minister begann, die Passanten zu beobachten, die an seinem Wagen vorbeihasteten. Ein merkwürdiges, fast abenteuerliches Gefühl überkam ihn: er war auf der Straße. Mit Verblüffung stellte er fest, wie viele fremde Menschen es im Lande gab. Er kannte nur die immer gleichen Gesichter, die er täglich in seinem Ministerium sah. Fremde bekam er höchstens in anonymen Massen zu Gesicht, am Unabhängigkeitstag oder im Fußballstadion bei... wie hieß doch das Ding... beim Kupferfinale.

Der Minister stieg aus und ging die Straße entlang. Allmählich wuchs sein Vertrauen in diese Art der Fortbewegung. Er dachte nach, wann er zuletzt etwas dergleichen getan hatte. Richtig: 1951. Damals hatte ein Fernlaster seinen Wagen gerammt und er war zu Fuß nach Hause gegangen, quer durch die Stadt, zu Fuß.

Die Blicke des Ministers richteten sich abwärts, dorthin, wo unterhalb der Bauchwölbung seine Füße sichtbar wurden, seine eigenen Füße, die sich rhythmisch bewegten, tapp-tapp, tapp-tapp, linker Fuß rechter Fuß – jawohl, er wußte seine Füße noch zu gebrauchen. Er wußte noch, wie man auf der Straße geht. Ein gutes Gefühl. Nur die Schuhe sahen ein wenig fremdartig aus. Wo kamen sie her? Er hat sich doch noch niemals Schuhe gekauft, oder?

Genaueres Nachdenken ergibt, daß er selbst überhaupt keine Einkäufe tätigt. Was ist's mit diesen Schuhen?

Er bleibt vor dem Schaufenster stehen und starrt hinein. Seltsam. Ein völlig neuartiges Phänomen. Schuhe, viele Schuhe, Herren-, Damen- und Kinderschuhe, paarweise arrangiert, auf Sockeln, auf langsam rotierenden Drehscheiben, oder nur so.

In plötzlichem Entschluß betritt der Minister den Laden, einen hohen, langgestreckten Raum mit Reihen bequemer Fauteuils und mit Regalen an den Wänden, und in den Regalen Schuhe, nichts als Schuhe.

Der Minister schüttelt die Hand eines ihm entgegenkommenden Mannes:

»Zufrieden mit dem Exportgeschäft?«

»Mich dürfen Sie nicht fragen«, lautet die Antwort.

»Ich suche Sämischlederschuhe mit Gummisohlen.«

Der Minister sieht sich um. Wie geht's hier eigentlich zu? Nehmen die Leute einfach Schuhe an sich oder warten sie, bis der Kellner kommt?

Eine Gestalt in weißem Kittel, vielleicht ein Arzt, tritt an den Minister heran und fragt ihn, was man für ihn tun könne.

»Schicken Sie mir ein paar Muster«, sagt der Minister leutselig und verläßt den Laden.

Draußen auf der Straße fällt ihm ein, daß er sich nicht zu erkennen gegeben hat. Und daß er nicht von selbst erkannt wurde. Ich muß öfters im Fernsehen auftreten, denkt der Minister.

Es wird spät. Vielleicht sollte er in seinem Büro anrufen, damit man ihm irgendein Transportmittel schickt oder ihn abholt. Anrufen. Aber wie ruft man an? Und wenn ja: wo? Er sieht weit und breit kein Telefon. Und sähe er eines, wüßte er's nicht zu handhaben. Das macht ja immer seine Sekretärin, die gerade heute nach Haifa gefahren ist, in irgendeiner Familienangelegenheit. Außerdem wäre sie ja sonst in seinem Büro und nicht hier, wo es kein Telefon gibt.

Da – ein Glasverschlag – ein schwarzer Kasten darin – kein Zweifel: ein Telefon.

Der Minister öffnet die Zellentür und hebt den Hörer ab: »Eine Leitung, bitte.«

Nichts geschieht. Der Apparat scheint gestört zu sein.

Von draußen macht ihm ein kleiner Junge anschauliche Zeichen, daß man zuerst etwas in den Kasten werfen muß.

Natürlich, jetzt erinnert er sich. Er ist ja Vorsitzender des Parlamentsausschusses für das Münz- und Markenwesen. Er kennt sich aus. Der Minister betritt den nächsten Laden und bittet um eine Telefonmarke.

»Das hier ist eine Wäscherei«, wird ihm mitgeteilt. »Telefonmarken bekommen Sie auf dem Postamt.«

Eine verwirrende Welt fürwahr. Der Minister hält nach einem Postamt Ausschau und erspäht auf der jenseitigen Straßenseite einen roten Kasten an einer

Häusermauer. Er weiß sofort, was das ist. In solche Kästen tun die Menschen Briefe hinein, die sie vorher zu Hause geschrieben haben.

»Entschuldigen Sie«, wendet er sich an eine Dame, die neben ihm an der Straßenkreuzung wartet, »bei welcher Farbe darf man hinübergehen, bei Grün oder Rot?«

Er ist ziemlich sicher, daß sein Wagen immer bei grünem Licht losfährt. Aber gilt das auch für Fußgänger?

Der Menschenstrom, der sich jetzt in Bewegung setzt, schwemmt ihn auf die gegenüberliegende Straßenseite mit. Dort, gleich neben dem roten Kasten, entdeckt er ein Postamt, tritt ein, und wendet sich an den nächsten Schalterbeamten:

»Bitte schicken Sie ein Telegramm an mein Ministerium, daß man mich sofort hier abholen soll.«

»Mit einem Flugzeug oder mit einem Unterseeboot?« fragt der Schalterbeamte und läßt zur Sicherheit die Milchglasscheibe herunter.

Der Mann scheint verrückt zu sein, denkt der Minister und geht achselzuckend ab.

Nahe dem Postamt befindet sich ein Zeitungsstand. Wie sich zeigt, hat der Minister große Schwierigkeiten, unmarkierte Zeitungen zu entziffern. In den Zeitungen auf seinem Schreibtisch sind die Artikel, die er lesen soll, immer eingerahmt.

»Ein Glas Orangensaft?« fragt eine Stimme aus dem Erfrischungskiosk, vor dem er stehengeblieben ist.

Der Minister nickt. Er ist durstig geworden und leert das Glas bis auf den letzten Tropfen. Welch wunder-

bares Erlebnis: allein auf der Straße ein Glas Orangensaft zu trinken und erfrischt weiterzugehen.
Der Kioskbesitzer kommt ihm nachgerannt:
»45 Agorot, wenn ich bitten darf!«
Der Minister starrt ihn an. Es dauert sekundenlang, ehe er begreift, was gemeint ist. Dann greift er in seine Tasche. Sie ist leer. Natürlich. Solche Sachen werden ja immer von seiner Sekretärin erledigt. Warum mußte sie gerade heute nach Haifa fahren?
»Schicken Sie mir die Rechnung, bitte«, sagt er dem gierigen Inkassanten und entflieht.
Als er endlich innehält, steht er vor einem in Bau befindlichen Haus. Die emsigen Menschen, die rundum beschäftigt sind, beeindrucken ihn tief. Nur der Lärm stört ihn ein wenig. Und was ist das für eine graue Masse, die sie dort in dem Bottich zusammenmischen?
»Einen schönen guten Tag wünsche ich!«
Ein alter Mann, wahrscheinlich ein Sammler für irgendwelche neu aufgelegten Anleihen, hält ihm die Hand hin. Auch ihn verweist er an sein Büro.
Immer neue Überraschungen: dort, in einer Reihe von Glaskästen, hängen Bilder halbnackter Mädchen! Der Minister blickt auf – jawohl, er hat's erraten: ein Kino. So sieht das also aus. Er empfindet heftige Lust, hineinzugehen und endlich einmal einen Film zu sehen. Sonst kommt er ja nie dazu.
Der Minister klopft an die versperrte Eisentüre. Er muß mehrmals klopfen, ehe eine verhutzelte Frauensperson den Kopf herausstreckt:
»Was los?«

»Ich möchte einen Film sehen.«
»Jetzt? Die erste Vorstellung beginnt um vier Uhr nachmittag.«
»Nachmittag habe ich zu tun.«
»Dann sprechen Sie mit Herrn Weiss.«
Und die Eisentür fällt ins Schloß.
An der nächsten Straßenecke steht ein ungewöhnlich großer, länglicher, blaulackierter Wagen, der eine Menge wartender Leute in sich aufnimmt. Ein Bus! schießt es dem Minister durch den Kopf. Erst vorige Woche haben wir ihnen das Budget erhöht. Um 11,5 Prozent. Da kann ich ja einsteigen.
»Hajarkonstraße«, sagt er dem Fahrer. »Nummer 71.«
»Welcher Stock?«
»Wie bitte?«
»Machen Sie, daß Sie vom Trittbrett herunterkommen!« Der Fahrer betätigt die automatische Tür und saust los.
Eine merkwürdige Welt mit merkwürdigen Spielregeln. Der Minister versucht sich zu orientieren, kann jedoch mangels irgendwelcher Wahrzeichen – Hilton-Hotel oder griechisches Restaurant – nicht feststellen, wo er sich befindet.
Menschen fluten an ihm vorbei, als wäre nichts geschehen. Dies also ist die Nation, das Volk, die Masse der Wähler. Den jüngsten Meinungsumfragen zufolge wird im Oktober jeder dritte dieser fremden Menschen für ihn stimmen. Der Minister liebt sie alle. Er ist seit seiner frühesten Jugend ein überzeugter Sozialist.

Endlich, auf vielfach verschlungenen Wegen, hat er zu seiner Limousine zurückgefunden; gerade rechtzeitig, um den Fahrer Gabi herankommen zu sehen.
»Zwei Sonderzahlungen jährlich und erhöhtes Urlaubsgeld«, sagt Gabi.
Der Streik ist beendet. Sie steigen ein. Gabi läßt den Motor anspringen.
Und der Minister kehrt von seinen Abenteuern auf einem fremden Planeten in die Welt seines Alltags zurück.

Poker

Herr Sulzbaum war ein bescheidener Mann, der still und friedlich dahinlebte, ohne mit seinem Erdenlos zu hadern. Er nannte eine kleine Familie sein eigen: eine liebende Frau wie eure Mutti und zwei schlimme Buben wie ihr selbst, haha. Herr Sulzbaum war ein kleiner Angestellter in einem großen Betrieb. Sein Einkommen war karg, aber die Seinen brauchten niemals zu hungern.

Eines Abends hatte Herr Sulzbaum Gäste bei sich, und als sie so beisammensaßen, schlug er ihnen spaßeshalber vor, Karten zu spielen. Gewiß, liebe Kinder, habt ihr schon von einem Kartenspiel gehört, welches »Poker« heißt. Erst vor kurzem haben unsere Gerichte entschieden, daß es zu den verbotenen Spielen gehört.

Herr Sulzbaum aber sagte: »Warum nicht? Wir sind doch unter Freunden. Es wird ein freundliches kleines Spielchen werden.«

Um es kurz zu machen: Herr Sulzbaum gewann an diesem Abend 6 Shekel. Das war sehr viel Geld für ihn, und deshalb spielte er am nächsten Abend wieder. Und am übernächsten. Und dann Nacht für Nacht. Und meistens gewann er.

Das Leben war sehr schön.

Wen das Laster des Kartenspiels einmal in den Klauen hat, den läßt es so geschwind nicht wieder los. Herr Sulzbaum gab sich mit freundlichen kleinen Spielchen nicht länger zufrieden. Er wurde Stammgast in den Spielklubs.

Ein Spielklub, liebe Kinder, ist ein böses finsteres Haus, das von der Polizei geschlossen wird, kaum, daß sie von seiner Wiedereröffnung erfährt. Vielleicht habt ihr davon schon in den Zeitungen gelesen.

Anfangs blieb das Glück Herrn Sulzbaum treu. Er gewann auch in den Spielklubs, er gewann sogar recht ansehnliche Beträge und kaufte für seine kleine Familie eine große Wohnung mit Waschmaschine und allem Zubehör.

Sein treues Weib wurde nicht müde, ihn zu warnen: »Sulzbaum, Sulzbaum«, sagte sie, »mit dir wird es ein schlimmes Ende nehmen.« Aber Sulzbaum lachte sie aus: »Wo steht es denn geschrieben, daß jeder Mensch beim Kartenspiel verlieren muß? Da die meisten Menschen verlieren, muß es ja auch welche geben, die gewinnen.«

Immer höher wurden die Einsätze, um die Herr Sulzbaum spielte, und dazu brauchte er immer mehr Geld. Was aber tat Herr Sulzbaum, um sich dieses Geld zu verschaffen? Nun, liebe Kinder? Was tat er wohl? Er nahm es aus der Kasse des Betriebs, in dem er angestellt war.

»Morgen gebe ich es wieder zurück«, beruhigte er sein Gewissen. »Niemand wird etwas merken.«
Wahrscheinlich wißt Ihr schon, liebe Kinder, wie die Geschichte weitergeht. Wenn man einmal auf die schiefe Bahn geraten ist, gibt es kein Halten mehr. Nacht für Nacht spielte Herr Sulzbaum Poker mit fremdem Geld, Nacht für Nacht wurden die Einsätze höher, und als er sich eines Morgens bleich und übernächtigt vom Spieltisch erhob, war er ein steinreicher Mann. (Ich muß aus Gerechtigkeitsgründen zugeben, daß Herr Sulzbaum wirklich sehr gut Poker spielt.) In knappen sechs Monaten hatte er ein gewaltiges Vermögen gewonnen. Das veruntreute Geld gab er nicht mehr in die Betriebskasse zurück, denn in der Zwischenzeit hatte er den ganzen Betrieb erworben und dazu noch eine Privatvilla, zwei Autos und eine gesellschaftliche Position. Heute ist Herr Sulzbaum einer der angesehensten Bürger unseres Landes. Seine beiden Söhne genießen eine hervorragende Erziehung und bekommen ganze Wagenladungen von Spielzeug geschenkt.
Moral: Geht schlafen, liebe Kinder, und kränkt euch nicht zu sehr, daß euer Papi ein schlechter Pokerspieler ist.

13 ist eine Glückszahl

Amir, mein zweitgeborener und, wie man weiß, rothaariger Sohn, hatte ziemlich mühelos das Alter von dreizehn Jahren und damit nach jüdischem Gesetz seine offizielle Mannbarkeit erreicht. Dies äußerte sich u. a. darin, daß er – am ersten Sabbath nach seinem Geburtstag – in der Synagoge zur Verlesung des fälligen Thoraabschnitts an die Bundeslade gerufen wurde.

Es äußerte sich ferner in einer abendlichen Feier, die wir nach Elternsitte für ihn veranstalteten und zu der wir zahlreiche Freunde sowie, vor allem, wohlhabende Bekannte einluden.

Kurz vor Beginn des Empfangs trat ich an meinen zum Manne gewordenen Sohn heran, um ihm die Gewichtigkeit des Anlasses klarzumachen:

»Generationen deiner Vorfahren, mein Junge, blicken heute stolz auf dich nieder. Du übernimmst mit dem heutigen Tag die Verantwortung eines volljährigen Bürgers dieses Landes, das nach zweitausend Jahren endlich wieder –«

»Apropos zweitausend«, unterbrach mich mein ver-

antwortungsbewußter Nachfahre. »Glaubst du, daß wir so viel zusammenbekommen?«
»Wer spricht von Geld?« wies ich ihn zurecht. »Wer spricht von Schecks und von Geschenken? Was zählt, ist das Ereignis als solches, ist sein spiritueller Gehalt, ist—«
»Ich werde ein Bankkonto auf meinen Namen eröffnen«, vollendete Amir laut und deutlich seinen Gedankengang.
Dennoch zeigte er sich ein wenig unsicher und verlegen, als die ersten Gäste erschienen. Er wußte nicht recht, wo sein Platz war, er begann zu schwitzen und fragte mich immer wieder, was er sagen sollte.
Geduldig brachte ich es ihm bei:
»Sag: ich freue mich, daß Sie gekommen sind.«
»Und wenn man mir das Geschenk überreicht?«
»Dann sag: danke vielmals, aber das war wirklich nicht notwendig.«
Solcherart instruiert, bezog Amir Posten nahe der Türe. Schon von weitem rief er jedem Neuankömmling entgegen: »Danke, das war nicht notwendig« und hielt ihm begehrlich die Hand hin. Als er den ersten Scheck bekam, lautend auf 50 Shekel, mußte ich ihn zurückhalten, sonst hätte er seinem Wohltäter die Hand geküßt. Über die erste Füllfeder geriet er beinahe in Ekstase, und beim Anblick eines Expanders brach er in Freudentränen aus. »Ein empfindsames Kind«, bemerkte seine Mutter. »Und so begeisterungsfähig!«
Die Sammelstelle für Geschenke wurde im Zimmer meiner jüngsten Tochter Renana eingerichtet, und

mein ältester Sohn Raphael übernahm es, die Beute zu ordnen.

Eine Trübung der festlichen Atmosphäre ergab sich, als ein zur Prunksucht neigender Geschäftsmann sich mit einem Scheck in der exhibitionistischen Höhe von 250 Shekel einstellte. Neben solcher Großzügigkeit verblaßten sämtliche Kompasse und Enzyklopädien. Immer nachlässiger murmelte von da an der junge Vollbürger sein »danke... nicht notwendig...«, und bald darauf beklagte er sich bei mir über zwei soeben eingetroffene Gäste, von denen er nichts weiter bekommen hatte als einen Händedruck, was wirklich nicht notwendig war. Ich behielt die beiden schamlosen Geizkragen scharf im Auge und sah mit hilfloser Empörung, wie sie sich am Buffet gütlich taten.

»Nur Geduld«, tröstete ich meinen zornbebend neben mir stehenden Sohn. »Die kriegen wir noch. Geh auf deinen Kontrollposten.«

Im allgemeinen durfte man jedoch mit den Geschenken zufrieden sein, obwohl sie von wenig Phantasie zeugten und zahlreiche Duplikate aufwiesen. Es wimmelte von Feldflaschen, Ferngläsern, Kompassen und Füllfedern, und die Expander vermehrten sich wie die Kaninchen. Wer hätte gedacht, daß diese Instrumente so billig sind.

Wir empfanden es geradezu als Erlösung, als die Seeligs mit dem Minimodell eines zusammenlegbaren Plastikboots ankamen. Amir vergaß sich und sagte statt des üblichen »Danke nicht nötig« mit anerkennendem Kopfnicken: »Nicht schlecht.«

Ich selbst schlüpfte von Zeit zu Zeit aus meiner Rolle als freundlicher Gastgeber, um Inventur zu machen. Die Bücher hatten sich mittlerweile zu Türmen hochgeschichtet: wohlfeile Ausgaben der Bibel, Reisebeschreibungen, Bildbände mit schlechten Reproduktionen und ein Bändchen mit dem zunächst rätselhaften Titel »Hinter dem Feigenblatt«, das sich als Anleitung zum Geschlechtsverkehr für Minderjährige entpuppte. Und irgendein Idiot hatte sich nicht entblödet, meinem Sohn ein »Lexikon des Humors« zu schenken, in dem der Name seines Vater nicht erwähnt war. Ich gab Auftrag, dem Kerl keine Getränke anzubieten.

In einer Kampfpause versuchte ich mich an dem Expander und stellte befriedigt fest, daß ich ihn über zwei Stufen spannen konnte. Außerdem beschlagnahmte ich eine Füllfeder. Es waren ihrer sowieso schon zu viele. Amir sollte sich nach der Feier eine aussuchen, meinetwegen sogar zwei, und den Rest würden wir umfunktionieren.

Im übrigen veränderte sich der Charakter meines rothaarigen Sohnes gewissermaßen unter meinen Augen. Er hatte längst aufgehört, die ankommenden Gäste zu begrüßen. Die stumme Gebärde, mit der er ihnen entgegensah, bedeutete unverkennbar: »Wo ist das Geschenk?«, und die Stimme, mit der er sich bedankte, klang je nach den gegebenen Umständen von herzlich bis kühl. Auch sonst benahm er sich wie ein Erwachsener.

Bei meinem nächsten Besuch im Lagerraum stieß ich auf zwei Flakons Toilettenwasser, für die der Junge

keine Verwendung hatte. Die Leute könnten wirklich ein wenig nachdenken, bevor sie Geschenke machen. Auch einen goldenen Kugelschreiber und eine Mundharmonika nahm ich an mich.
Dann wurde ich in meinen Ordnungsbemühungen gestört:
»Um Himmels willen«, zischte die beste Ehefrau von allen. »Kümmere dich doch um unsere Gäste!«
Ich postierte mich neben Amir, der den jetzt schon etwas spärlicher eintreffenden Gästen mit dem lüsternen Blick eines Wegelagerers entgegensah und sie erstaunlich richtig einzuschätzen wußte:
»Höchstens achtzig«, flüsterte er mir zu; oder, verächtlich: »Taschenmesser.«
Gegen zehn Uhr vertrieb er alle Familienmitglieder aus dem Abstellmagazin und versperrte die Türe.
»Hinaus!« rief er. »Das gehört mir!«
Als er auf Seeligs Plastikboot ein Preisschildchen mit der Aufschrift »Shekel 7.25« entdeckte, ließ er sich's nicht verdrießen, den Spender in der Menge ausfindig zu machen, und spuckte ihm zielsicher zwischen die Augen.
Rätselhaft blieb uns allen ein Transistor mit Unterwasser-Kopfhörern, der keinen Herkunftsvermerk trug. Von wem stammte er? Wir gingen rasch das von meiner Tochter Renana angelegte Namensverzeichnis der Anwesenden durch. Es kamen nur zwei in Betracht, die auf der Geschenkliste nicht erschienen: unser Zahnarzt und ein Unbekannter mit knallroter Krawatte. Aber welcher von beiden war es? Die Ungewißheit wurde um so quälender, als wir uns bei

dem einen bedanken und den anderen maßregeln mußten. Da bewährte sich Amirs Instinkt aufs neue. Er machte sich an den Zahnarzt heran und trat ihn ins Schienbein. Der Zahnarzt nahm das widerstandslos hin. Kein Zweifel: die edle Spende stammte vom Krawattenträger.

Heftigen Unmut rief bei uns allen die Festgabe eines Frankfurter Juden namens Jakob Sinsheimer hervor, die aus einer Holzschnittansicht seiner Geburtsstadt bestand. Was uns erbitterte, war nicht die Wertlosigkeit des Blattes, sondern die auf der Rückseite angebrachte Widmung: »Meinem lieben Kobi zur Bar Mizwah von seinem Onkel Samuel.« Wir gossen ein wenig Himbeersaft über Herrn Sinsheimers Anzug und entschuldigten uns.

Inzwischen begrüßte Amir die letzten Gäste:
»He!« rief er. »Wieviel?«

Er hatte sich zu einem richtigen Monstrum ausgewachsen, seine blutunterlaufenen Augen lagen tief in den Höhlen, seine Krallenhände zitterten vor Gier, sein ganzer Anblick war so abscheulich, daß ich mich abwandte und in den Lagerraum flüchtete, wo ich die beste Ehefrau von allen in flagranti erwischte, wie sie sich mit Golda Meirs Lebenserinnerungen aus dem Staub machte.

Allein geblieben, befeuchtete ich Daumen und Zeigefinger und begann die Schecks zu zählen. Guter Gott, welch eine Verschwendung! So viel Geld in einem so armen Land wie dem unsern! Der Gedanke, daß mein mißratener Sohn über all diese Summen verfügen könnte, hatte etwas höchst Beunruhigendes an sich. Ich ließ ihm ein paar auf kleinere Beträge lautende Schecks zurück und barg die anderen an meiner väterlichen Brust.

Nein, ich hatte kein schlechtes Gewissen. Es war nur recht und billig, was ich tat. Hatte ich nicht in seine Erziehung eine Menge Geld investiert? Und wer hatte für diesen kostspieligen Festempfang gezahlt? Ich oder er? Na also. Er soll arbeiten gehen und Geld verdienen. Schließlich ist er heute zum Mann geworden.

Der Fall des Großindustriellen K.
(sehr frei nach Franz Kafka)

Als der Großindustrielle K. eines Morgens erwachte, fand er sich in ein riesiges Insekt verwandelt.
»Was ist da passiert?« fragte er sich entsetzt. Dann rief er sich die Ereignisse des vorangegangenen Tages, die zweifellos an seiner peinlichen Lage schuld waren, ins Gedächtnis zurück.
Er erinnerte sich genau an die sachliche, unbeteiligte Stimme, mit der ihm sein Buchhalter am Vortag mitgeteilt hatte, daß sein, K.'s, Unternehmen – eine florierende Import-Export-Gesellschaft – das laufende Geschäftsjahr mit einem Gewinn von einer halben Million Shekel, in Ziffern 500 000, abgeschlossen hatte.
Das bedeutete nach den geltenden Steuergesetzen, daß die Firma bzw. Herr K., nach Bezahlung der Körperschaftsteuer, der Investitionsanleihe, der Krankenversicherung, der Pensionsversicherung und einer Reihe anderer Abgaben dem Staat eine Gesamtsumme von 106,3% des erwirtschafteten Profits schuldete, in Ziffern 531 500, ein ansehnlicher Betrag, über den K. nicht verfügte.

»Das darf nicht wahr sein«, stellte K. in Gedanken fest. Es wollte ihm nicht in den Kopf, daß die Steuer, die er zahlen sollte, die Höhe seiner Einnahmen überstieg. Mittlerweile hatte er sich wieder in den loyalen, furchtsamen Bürger zurückverwandelt, der er war. Er erhob sich von der Lagerstatt seines alptraumgeschüttelten Schlafs, kleidete sich an und verließ das Haus, um der Angelegenheit nachzugehen. Sein Weg führte ihn in die Kanzlei einer renommierten Steuerberatungsstelle, die sich in den Geheimnissen des Steuerwesens um so besser auskannte, als sie von zwei ehemaligen Beamten des Finanzministeriums geleitet wurde. Die beiden Herren lauschten ihm mit gelangweilter Miene, denn sie bekamen solche oder ähnliche Geschichten beinahe täglich zu hören. Als er geendet hatte und sie um Rat fragte, rieten sie ihm, sein Steuerbekenntnis zu fälschen.

»Wenn Sie es halbwegs geschickt anstellen«, sagten sie, »wird Ihnen weder das Finanzamt dahinterkommen, noch riskieren Sie, daß Sie wegen der zehnprozentigen Belohnung, die das Finanzamt für Hinweise auf Steuerhinterziehungen auszahlt, von einem Spitzel denunziert werden.«

»Ich habe Angst«, sagte K. »Gibt es keinen anderen Weg?«

»Doch. Es gibt einen.«

»Nämlich?«

»Zahlen«, sagten die Steuerberater und geleiteten ihn zur Türe.

Der eine von ihnen, ein elegant gekleideter Mann in

dunklem Anzug mit diskret gestreifter Krawatte, flog am Nachmittag nach Vaduz, der Hauptstadt des Fürstentums Liechtenstein, um eine größere Finanztransaktion abzuschließen.

Als K. nach Hause kam, fand er eine Vorladung zur Steuerbehörde. Er ging sogleich hin und wurde von einem untergeordneten Beamten empfangen, der seit jeher die Steuerangelegenheiten der Firma K. behandelte.

»Ich habe einige Fragen an Sie zu richten«, begann der Beamte. »Wie ich sehe, schulden Sie uns erheblich mehr, als Sie in diesem Jahr verdient haben. Es würde mich interessieren, aus welchen fragwürdigen Quellen Sie die Differenz begleichen wollen?«
Er heftete einen durchdringenden Blick auf K. und wartete auf Antwort.

K. versuchte den gegen ihn gerichteten Verdacht durch die Angabe zu zerstreuen, daß er genügend Geld erspart hätte, um die zusätzliche Steuer zahlen zu können. Der Beamte runzelte die Brauen: Nach den ihm vorliegenden Geheiminformationen habe K. – wie übrigens auch andere gefinkelte Großverdiener – seine gesamten Ersparnisse in eine freiwillige Staatsanleihe investiert, die einen nicht unbeträchtlichen Zinssatz abwerfen würde, zahlbar am Ende des Jahrhunderts.

In tiefen Gedanken verließ K. das Steueramt. Seine Unterlippe zitterte ein wenig, und er überlegte, ob er sich den entstandenen Komplikationen nicht durch Abreise entziehen sollte.

Dann fiel ihm ein Ausweg ein, ganz plötzlich, ein so

naheliegender und simpler Ausweg, daß er sich wundern mußte, wieso er ihm nicht schon früher eingefallen war.
Zu Hause angelangt, nahm K. das für seine Steuererklärung vorgesehene Formular zur Hand und erklärte, daß seine Firma im abgelaufenen Geschäftsjahr keinen Profit zu verzeichnen hatte, nicht einen einzigen Shekel. Hierauf kehrte er zum Finanzamt zurück und richtete an den Beamten, während er ihm das Formular übergab, die höfliche Frage:
»Bitte, darf ich Sie auf einen Fall von Steuerhinterziehung hinweisen, der zufällig zu meiner Kenntnis gelangt ist?«
»Selbstverständlich«, antwortete der Beamte. »Das ist das mindeste, was ein ehrlicher Bürger tun kann.«
»Und bekomme ich dann auch die ausgesetzte Belohnung?«
»Selbstverständlich«, antwortete abermals der Beamte, dessen Wortschatz nicht übermäßig groß war.
»Gut«, sage K. »Hiermit informiere ich Sie, daß ich im Steuerbekenntnis meiner Firma einen Jahresgewinn von 500000 Shekel verheimlicht habe. Ich bitte um Auszahlung der üblichen Belohnung von zehn Prozent, das sind 50000 Shekel, steuerfrei.«
Der Beamte tat, was Beamte immer tun, wenn sie mit einem originellen Einfall konfrontiert werden: er glotzte.
Nachdem er ungefähr eine Minute lang geglotzt hatte, verließ er den Raum und begab sich zu seinen Vorgesetzten, um ihren Rat einzuholen.
Höheren Orts machte man sich unverzüglich an das

Studium der einschlägigen Verordnungen und Erlässe, konnte jedoch keine einzige Klausel entdecken, die es für ungesetzlich erklärt hätte, daß jemand sich selbst denunziert. Alle Versuche, K. von seiner Forderung abzubringen, blieben erfolglos, und als er drohte, notfalls bis zum Obersten Gerichtshof zu gehen, gab die Steuerbehörde nach. Man wollte den Fall unter keinen Umständen an die Öffentlichkeit gelangen lassen; er könnte, so befürchtete man, Schule machen.

K. erhielt bald darauf einen Scheck des Finanzministeriums auf Shekel 350000, liquidierte seine Firma und suchte in Begleitung einer ihm befreundeten Dame einen beliebten Badeort im Süden des Landes auf.

Wie man sich die Versicherung sichert

Als ich gestern nacht mit meinem Wagen den Parkplatz verlassen wollte, trat ein gutgekleideter Bürger auf mich zu und sprach:
»Entschuldigen Sie – aber wenn Sie nur ein ganz klein wenig rückwärtsfahren, beschädigen Sie meinen Kotflügel.«
»In Ordnung«, sagte ich mit einem respektvollen Blick auf den amerikanischen Straßenkreuzer, dem der Kotflügel gehörte. »Ich werde aufpassen.«
Der gutgekleidete Bürger schüttelte den Kopf.
»Im Gegenteil, es wäre mir sehr recht, wenn Sie meinen Kotflügel beschädigten. Ich sammle Blechschäden.«
Das klang so interessant, daß ich ausstieg und mir die Sache genauer erklären ließ.
Mein Partner deutete zunächst auf eine waschbeckenartige Vertiefung in seinem Wagendach:
»Ich hatte einen Zusammenstoß mit einer Verkehrsampel. Es war windig, und sie ist heruntergefallen. Max, der Inhaber meiner Reparaturwerkstätte, den ich sofort aufsuchte, zeigte sich skeptisch. ›Herr

Doktor Wechsler‹, sagte er, ›eine solche Kleinigkeit zu reparieren ist nicht der Mühe wert. Dafür zahlt Ihnen die Versicherung nichts. Holen Sie sich noch ein paar Blechschäden und kommen Sie dann wieder zu mir.‹ Soweit Max. Er wußte, wovon er sprach.«

Wir nahmen auf dem vorläufig noch intakten Kühler seines Wagens Platz, und Wechsler fuhr fort:

»Jede Versicherungspolice enthält eine Klausel, die den Versicherungsnehmer verpflichtet, Schäden bis zu einer bestimmten Summe selbst zu bezahlen. Bei uns beläuft sich diese Selbstbehaltsklausel in der Regel auf 230 Shekel. Da die Reparatur meines Wagens nur etwa 200 Shekel kosten würde, wäre es sinnlos, den Schaden anzumelden. Wenn ich aber der Versicherungsgesellschaft noch ein paar andere Schäden präsentieren kann –«

»Einen Augenblick, Doktor Wechsler«, unterbrach ich. »Auch wenn Sie alle Ihre Kotflügel zertrümmern, müssen Sie die ersten 230 Shekel immer noch selbst bezahlen.«

»Herr«, entgegnete Doktor Wechsler, »überlassen Sie das meinem Max.«

So wurde ich mit einer Lehre vertraut gemacht, die ich als »Maximalismus« bezeichnen möchte. Anscheinend besteht zwischen der Internationalen Gesellschaft der Karosseriespengler (Hauptsitz New York) und dem Weltverband der Pkw-Fahrer in Kopenhagen ein Geheimabkommen, demzufolge die Spengler den Versicherungsgesellschaften sogenannte »frisierte Rechnungen« vorlegen, in denen die Selbstbehaltssumme nur scheinbar berücksich-

tigt wird. In Wahrheit läßt sie der Spengler unter den übrigen Posten seiner Rechnung unauffällig verschwinden – allerdings nur unter der Voraussetzung, daß diese Rechnung eine Gesamthöhe von mindestens 1500 Shekel erreicht. Und dazu bedarf es natürlich mehrerer Schäden.
Wie sich im Verlauf des Gesprächs herausstellte, war mein Partner ein alter Routinier auf diesem Gebiet. Einmal hatte er es innerhalb weniger Tage auf eine Schadenssumme von 2800 Shekel gebracht.
»Aber diesmal« – aus seiner Stimme klang tiefe Verzweiflung – »komme ich über die lächerliche Schramme auf meinem Wagendach nicht hinaus. Seit Wochen versuche ich, mir noch andere Beschädigungen zuzuziehen – vergebens. Ich bremse dicht vor einem Fernlaster, ich überhole städtische Autobusse, ich parke neben Militärfahrzeugen – es hilft nichts. Niemand läßt sich herbei, meinen Wagen auch nur zu streifen. Was soll ich nur tun? Deshalb wende ich mich jetzt an Sie. Wenn Sie vielleicht die Güte hätten...«
»Aber selbstverständlich«, antwortete ich bereitwillig. »Man muß seinen Mitmenschen behilflich sein, wo man kann.«
Damit setzte ich mich ans Lenkrad, schaltete den Rückwärtsgang ein und begann vorsichtig zu reversieren.
»Halt, halt!« rief Wechsler. »Was soll das? Steigen Sie anständig aufs Gas, sonst machen Sie höchstens 60 Pfund!«
Ich nahm mich zusammen und rammte mit voller

Wucht seinen Kotflügel. Es klang durchaus zufriedenstellend. »In Ordnung?« fragte ich.
Wechsler wiegte bedächtig den Kopf.
»Nicht schlecht. Aber mehr als 600 Shekel sind da nicht drin. Früher einmal, als der Selbstbehalt nur 110 Shekel betrug, genügte ein anständig zertrümmerter Kotflügel. Heute muß man praktisch den ganzen Wagen demolieren, um überhaupt etwas zu erreichen. Wären Sie so freundlich, meine Türe einzudrücken?«
»Gerne.«
Nach Abschätzung der Distanz startete ich einen Flankenangriff mit Vollgas. Meine hintere Stoßstange schien dafür wie geschaffen. Es gab einen dumpfen Knall, Glassplitter flogen umher, Wechslers Türe fiel aus den Angeln – wirklich, es ist etwas Erhebendes um die Solidarität der Autofahrer.
»Soll ich noch einmal?«
»Danke«, sagte er. »Das genügt. Mehr brauche ich nicht.«
Seine Ablehnung enttäuschte mich ein wenig, aber schließlich war er der Schadennehmer. Ich stieg aus und betrachtete die von mir geleistete Arbeit. Sie konnte sich sehen lassen. Nicht nur die Türe, die ganze Längsseite des Wagens war verwüstet. Das würde eine saftige Reparatur erfordern!
Als ich zu meinem Wagen zurückkehrte, mußte ich feststellen, daß meine eigene Stoßstange wesentliche Krümmungen aufwies.
»Typisch für einen Anfänger«, bemerkte Dr. Wechsler mitleidig. »Sie dürfen nie in schrägem Winkel

auffahren, merken Sie sich das für die Zukunft. Die Stoßstange wird sie leider nicht mehr als 50 Shekel kosten ... Warten Sie. Ich verschaffe Ihnen noch 400 Shekel.«

Dr. Wechsler brachte seinen Straßenkreuzer in Position und steuerte ihn gefühlvoll gegen meine linke Seitentüre.

»Und jetzt bekommen Sie von mir noch einen neuen Scheinwerfer.«

Er machte es genau richtig: mit einem Mindestmaß an Einsatz ein Höchstmaß an Wirkung.

»Nichts zu danken«, wehrte er ab. »Gehen Sie morgen zu Max – hier seine Adresse – und grüßen Sie ihn von mir. Sie werden keinen Pfennig zu zahlen haben.«

Ungeahnte Perspektiven öffneten sich vor meinem geistigen Auge. Oder war es nur die Zerstörungswut aus lang zurückliegenden Kindertagen, die mich überkam? Ich schlug Wechsler vor, jetzt gleich, an Ort und Stelle, einen Frontalzusammenstoß unserer Kraftfahrzeuge zu veranstalten, aber er winkte ab:

»Nicht übertreiben, lieber Freund. So etwas kann leicht zur Gewohnheit werden. Jetzt lassen Sie erst einmal die Versicherung zahlen. Dann können Sie überlegen, was Sie weiter machen wollen.«

Wir verabschiedeten uns mit einem kräftigen Händedruck. Wechsler ging zu Max und ich zu einem Autohändler, um einen neuen Wagen zu kaufen.

Volksvertrauen

Ministerpräsident: Also ich weiß wirklich nicht mehr, was ich tun soll, liebe Kabinettskollegen. Irgendwie beginnen schon wieder Gerüchte zu kursieren, daß eine Abwertung unserer Währung bevorstehen soll.
Finanzminister: Pöbel.
Ministerpräsident: Die Leute stürmen die Geschäfte wie irr, um gutes Geld loszuwerden. Es ist wie eine Massenhysterie.
Finanzminister: Völlig unverständlich.
Ministerpräsident: Gerade vor einer Woche habe ich im Fernsehen ausdrücklich verkündet, daß derzeit nicht der geringste Grund für eine Geldabwertung vorliegt. Und eine Stunde danach begann schon der Run auf die Banken...
Justizminister: Haben die Leute denn gar kein Vertrauen mehr zur Regierung?
Ministerpräsident: Nein. Ich kann mich noch gut erinnern, wie ich vor der letzten Geldabwertung immer wieder gesagt habe, daß es keine geben wird, und es war, als ob man zu einer Wand spräche. Ich glaube, die Leute genießen die Panik.

Finanzminister: Pöbel.
Unterrichtsminister: Manchmal frage ich mich allen Ernstes, ob diese verwahrloste Generation jemals imstande sein wird, in unserem Land eine funktionierende Wirtschaft zu errichten.
Informationsminister: Unter uns gesagt, *wird* es eine Abwertung geben?
Ministerpräsident: Was ist das für eine blöde Frage? Ich habe tausendmal gesagt, daß es keine Abwertung geben wird.
Informationsminister: Ich weiß. Aber so ganz unter uns...
Ministerpräsident: Es gibt keine Abwertung!
Informationsminister: Der Finanzminster soll das auch sagen.
Finanzminister: Es gibt... keine...
Informationsminister: Darf ich mal kurz daheim anrufen?
Ministerpräsident: Kommt überhaupt nicht in Frage! Hiergeblieben! Also wirklich, Kollegen, wenn wir nicht einmal einander vertrauen, wie können wir dann von der Bevölkerung Vertrauen erwarten?
Justizminister: Ja, das ist ein echtes Problem. Das wollte ich schon längst einmal zur Sprache bringen...
Finanzminister: Zunächst einmal muß man den Pöbel da draußen beruhigen. Das hat absolute Priorität. Sonst wird der angerichtete Schaden irreparabel.
Ministerpräsident: Schon schon, aber wie soll man das machen? Ich fürchte, daß man uns nicht glauben wird. Es gibt kein Vertrauen mehr.

Informationsminister: Wenn es aber dann doch eine Abwertung geben sollte...

Ministerpräsident: Machen Sie mich doch nicht verrückt! Läppisch! Wer wird schon so unvorsichtig sein, vor den Wahlen das Geld zu entwerten?

Justizminister: Das könnte sich unter Umständen als unser stärkstes moralisches Argument erweisen. Ich schlage vor, daß das Parteipräsidium eine Volksversammlung einberuft und feierlich erklärt: »Verehrte Damen und Herren, wie Sie alle wissen, finden in einem Jahr Parlamentswahlen statt. Glauben Sie wirklich, daß wir so blöd sind, uns zu allen anderen Schwierigkeiten, die wir haben, auch noch eine Geldentwertung an den Hals zu hängen?« Oder so ähnlich...

Finanzminister: Sie werden uns das nicht abnehmen. Die Wähler werden sagen: »Wenn sie noch ein ganzes Jahr wirtschaften können, sind diese Verbrecher glatt imstande, noch drei Geldabwertungen zu machen!«

Ministerpräsident: Das klingt plausibel. Also was tun wir?

Unterrichtsminister: Meine Bedutungslosigkeit in diesem Kabinett verbietet es mir, Ratschläge zu erteilen. Aber ich könnte mir vorstellen, daß wir ganz einfach ein Gesetz erlassen, das der Regierung verbietet, innerhalb dieser oder der nächsten Legislaturperiode die Währung abzuwerten.

(Allgemeines Schweigen. Jeder sieht den Unterrichtsminister an wie ein Wesen aus einer anderen Welt.)

Finanzminister: Wohl meschugge geworden? Wie sollen wir dann jemals eine Geldabwertung vornehmen können?
Informationsminister: Also doch...
Ministerpräsident: Es gibt keine Abwertung, wie oft soll ich das noch sagen? Wir haben nicht die geringste Absicht! Erst gestern sagte ich, anläßlich meiner Pressekonferenz den versammelten Redakteuren: »Wenn es zu diesem Zeitpunkt eine Abwertung gibt, dann heiße ich Zwiebelring!«
Informationsminister: (sotto voce) Menachem B. Zwiebelring...
Ministerpräsident: Was nuscheln Sie da?
Informationsminister: Ich? Nichts, gar nichts. Ich möchte nur meine Frau anrufen, bevor sie einkaufen geht...
Ministerpräsident: Kommt nicht in Frage! Sie bleiben so lange sitzen, bis wir einen Weg gefunden haben, das Volk zu beruhigen.
Justizminister: Ich schlage vor, daß wir einen Ausschuß bilden, der feierlich in der Öffentlichkeit erklärt, daß eine Abwertung nicht in Frage kommt. Als Ausschußmitglieder könnte ich mir drei angesehene Menschen vorstellen, denen man vertraut. Zum Beispiel den Generalstabschef, den Vorsitzenden des obersten Gerichtshofes und irgendeinen Fußballer.
Finanzminister: Das habe ich schon versucht. Ich habe mich offiziell an die drei gewandt.
Justizminister: Und?
Finanzminister: Sie sind unauffindbar, treiben sich in irgendwelchen Warenhäusern herum...

Informationsminister: Könnte ich kurz anrufen?
Ministerpräsident: Nein! Es ist zum Verzweifeln. Kein Mensch in diesem Land vertraut einem anderen.
Finanzminister: Wir könnten uns vielleicht an eine ausländische Persönlichkeit wenden...
Ministerpräsident: Das ist eine gute Idee. Wenn etwa der Präsident der Vereinigten Staaten von Amerika feierlich erklären würde, daß bei uns keine Geldabwertung geplant ist...
Finanzminister: Wir könnten gemeinsam im amerikanischen Fernsehen auftreten, der Präsident und ich.
Informationsminister: Sehr gut! Ich werde dem Reagan gleich ein Telegramm schicken...
Ministerpräsident: Sie bleiben hier! Sie werden gemeinsam mit uns die kollektive Verantwortung tragen, und zwar bis zum bitteren Ende.
Finanzminister: Pöbel.
Unterrichtsminister: Also Freunde, ich glaube ja nach wie vor, daß unser Volk den Lenkern seines Staatsschiffes vertraut. Wenn sich das gesamte Kabinett festlich schwarz gekleidet ins Fußballstadion begibt und dort im Schatten des Staatsemblems und zu den Klängen der Nationalhymne auf die Bibel im Chor schwört, daß es keine Abwertung geben wird...
Justizminister: Man wird uns nicht ein Wort glauben.
Ministerpräsident: Natürlich nicht. Also was tun wir?
Finanzminister: Ich schlage vor, daß wir abwarten.
Ministerpräsident: Gut. Der Pöbel läßt uns sowieso keine andere Wahl.

Agententerror

Liegt das nun an der sprunghaften Verbesserung unserer Wirtschaftslage oder am schönen Wetter – gleichviel, ich stehe in der letzten Zeit unter ständigem Druck von seiten angelsächsischer Versicherungsagenten.
Warum es immer angelsächsische sind, ahne ich nicht, aber wenn am frühen Vormittag mein Telephon geht, meldet sich todsicher ein unverkennbarer Gentleman in unverkennbarem Oxford-Englisch:
»Guten Morgen, Sir. Ich spreche im Auftrag der Allgemeinen Südafrikanischen Versicherungsgesellschaft. Darf ich Sie um zehn Minuten Ihrer kostbaren Zeit bitten, Sir? Ich möchte Sie mit einer völlig neuen Art von Lebensversicherung bekannt machen.«
Daraufhin gefriere ich in Sekundenschnelle. Erstens bin ich gegen Lebensversicherungen, weil ich sie für unmoralisch halte. Zweitens habe ich nicht die Absicht, jemals zu sterben. Drittens sollen die Mitglieder meiner Familie, wenn ich trotzdem einmal gestorben sein sollte, selbst für ihr Fortkommen sor-

gen. Und viertens bin ich längst im Besitz einer Lebensversicherung.

Ich lasse also Mr. Oxford wissen, daß er sein gutes Englisch an mich verschwendet und daß mein Leichnam bereits 170 000 Shekel wert ist.

»Was sind heutzutage 170 000 Shekel?« höre ich aus Oxford. »Die Allgemeine Südafrikanische hält für den beklagenswerten Fall Ihres Hinscheidens eine doppelt so hohe Summe bereit. Gewähren Sie mir zehn Minuten, Sir.«

»Im Prinzip recht gerne. Die Sache ist nur die, daß ich in einer Stunde nach Europa abfliege. Für längere Zeit. Vielleicht für zwölf Jahre.«

»Ausgezeichnet. Ich erwarte Sie am Flughafen.«

»Dazu wird die Zeit nicht ausreichen, weil ich noch nicht gefrühstückt habe.«

»Ich bringe ein paar Sandwiches mit.«

»Außerdem möchte ich mich von meiner Familie verabschieden.«

»Nicht nötig. Wir schicken sie Ihnen mit dem nächsten Flugzeug nach. Die Tickets gehen selbstverständlich zu unseren Lasten. Ich warte im Flughafen-Restaurant, Sir.«

Auf diese Weise bin ich schon dreimal hintereinander nach Europa geflogen, aber der Andrang läßt nicht nach. Erst vor wenigen Tagen versuchte ich den Gentleman von der Neuseeland International Ltd. damit abzuschrecken, daß mein Leben auf eine Million Dollar versichert sei. »Was ist denn schon eine Million Dollar!« erwiderte er geringschätzig und wollte mir innerhalb von zehn Minuten einen einzig-

artigen Lebensversicherungsplan entwickeln, demzufolge der Versicherungsnehmer gar nicht zu sterben braucht, es genügt, wenn er in Ohnmacht fällt, absolut inflationssicher, mit Abwertungsklausel und Farbfernsehen.
Als er nicht lockerließ, gestand ich ihm, daß ich zahlungsunfähig war. Pleite. Vollkommen pleite.
»Macht nichts«, tröstete er mich. »Wir verschaffen Ihnen ein Darlehen von der Regierung.«
»Ich bin krank.«
»Wir schicken Ihnen einen Arzt.«
»Aber ich will keine Lebensversicherung abschließen.«
»Das glauben Sie nur, Sir. Sie wollen.«
Gegen irgendeinen levantinischen Schwarzhändler wüßte ich mir zu helfen. Aber gegen Oxford-Englisch bin ich machtlos.
Heute vormittag war die Wechselseitige Australische am Telephon und bat um zehn Minuten. Geistesgegenwärtig schaltete ich auf schrillen Sopran:
»Hier Putzfrau von Herr Kishon sprechen. Armer Herr gestern gestorben.«
»In diesem Fall, Madame«, sagte die Wechselseitige, »möchten wir der Familie des Verstorbenen einen revolutionären Versicherungsvorschlag unterbreiten. Es dauert nur zehn Minuten.«
Ich sterbe vor Neugier, ihn zu erfahren.

Made in Japan

In jener primären Phase des an empfindliche Mikroprozessoren angekoppelten nationalen Erwachens trug dieses begabte Volk auf seiner Stirn noch das Kainsmal des Besiegten. Es überschlug sich förmlich, um mit den Amerikanern gemeinsame Unternehmen zu gründen, wobei die Japaner Talent und Mittel, die Amerikaner den Namen des Unternehmens beisteuerten. So entstanden Panasonic, Sony, Sharp, Canon, National und die restlichen Geheimcodes aus Texas. Manchmal ging es auch zu weit. Das Riesenunternehmen, das etwa 100 000 schlitzäugige Arbeiter, Ingenieure und Direktoren beschäftigt und etwa ein Drittel der weltweiten Produktion an Büromaschinen liefert, heißt bis heute Brother. Ein Name, der sich beim besten Willen nicht auf Harakiri reimt.
Sie wollten schlicht und einfach von der Welt als Sieger, als Amerikaner betrachtet werden. Das ist letzten Endes nicht verboten. Eines Tages beschloß Japan, den Uhrenweltmarkt unter die Lupe zu nehmen, und es begann Schweizeruhren herzustellen,

die genauso aussahen, genauso exakt liefen und genauso glänzten, allerdings nur die Hälfte kosteten. Die Fabrik wurde natürlich Citizen genannt, um die gelblichen Elemente des Mechanismus zu vertuschen. Danach entdeckten die Japaner Taschenrechner und Videogeräte. Und die Welt wurde im Einheitsrhythmus eines selbstverständlich ebenfalls in Japan hergestellten Metronoms mit diesen elektronischen Wundern überflutet, die sich im Vergleich mit europäischen Erzeugnissen als ebenbürtig erwiesen. Vielleicht deshalb, weil auch die europäischen Erzeugnisse in Japan hergestellt werden. Zumindest ihre Innereien, der Mechanismus innerhalb der schneeweißen Hülle.

★

Und dennoch wurde der Westen allmählich etwas nervös angesichts dieser Eindringlinge, die alles ein wenig besser, ein wenig früher und sehr viel preiswerter machen. Was mag wohl ihr Geheimnis sein, fragte sich die freie Welt in berechtigter Panik, genügt es denn, einen Krieg zu verlieren, um so einen industriellen Aufschwung zu erleben, oder braucht man noch etwas darüber hinaus? Ist etwa, wie beim Fernsehen, die Farbe ausschlaggebend: schwarz-weiß nein, farbig ja? Einige westliche Gesellschaften, deren Bankrott unmittelbar bevorstand, legten mit letzten Kräften Rechenschaft vor sich selbst ab und griffen zur Statistik. Dabei erreichten sie Zahlen, die das Geheimnis in grellem Licht, wie das eines He-

liumscheinwerfers, erscheinen ließen. Im holländischen Riesenwerk Philips, beispielsweise, stellen 1200 gut ausgebildete Arbeitskräfte rund 320 000 Fernsehröhren jährlich her. In dem vergleichbaren japanischen Werk wird im gleichen Zeitraum eine Viertelmillion Fernsehröhren von nur 168 Arbeitern hergestellt. In Worten: einhundertachtundsechzig.
Darin besteht also der größte Vorsprung dieser asiatischen Hundesöhne. Sie führen einen unlauteren Wettbewerb, sie arbeiten während der Arbeitszeit. Das ist so eine Art blöder Tradition bei ihnen, das Erbe fanatischer Vorfahren, fossiler religiöser Gesetze. Diese japanischen Eindringlinge haben nicht so viel Freizeit oder Feiertage wie wir. Bei ihnen werden an Wochenenden keine zwischen zwei Feiertagen liegende Werktage überbrückt. Bei ihnen werden Brücken gebaut.
Furchtbar – rauft sich der Westen die Haare – wie kann man mit einem Land konkurrieren, dessen Gewerkschaften so schwach sind?

★

Der Wildwest hat recht. Mit ihnen ist kein Wettbewerb möglich. Langsam aber sicher zeichnet sich Japan in den Augen der Menschen als eine gehobene Rasse ab, und nicht unbedingt im Einklang mit den Kolonialgesetzen des weißen Mannes. Bei den Japanern ist alles nur eine Frage des Beschlusses. Des Beschlusses nämlich, welcher Markt im kommenden Jahr erobert werden soll.

Eines trüben Abends beschloß beispielsweise der Besitzer einer armseligen Werkstatt auf einer kleinen Insel, das bereits verstorbene Zweiradvehikel – zu Lebzeiten »Motorrad« genannt – zu neuem Leben zu erwecken. Er veränderte die Welt gleich in zweifacher Hinsicht. Zunächst brachte er diese lauten Monster auf die Straßen zurück, zweitens borgte er sich nicht wie üblich eine amerikanische Tarnung, sondern riskierte den eigenen Namen. Honda. Der Rest ist Historie. Oder Hysterie, je nach Standpunkt. Seit einem Jahrdutzend gelten die internationalen Motorradrennen als interner japanischer Wettkampf. Wird nun Suzukis Maschine gewinnen, oder wird es Kawasaki oder Yamaha sein, das ist die Frage. In den letzten Jahren begann sich das Werk Yamaha auch für andere Artikel zu interessieren und wurde nebenbei zu einem der führenden Orgel- und Klavierhersteller der Welt. Eine Frage des Beschlusses, wie gesagt. Der Pianist Arthur Rubinstein erzählte mir, das Philharmonische Orchester Tokio sei eines der besten der Musikwelt. Eines Tages beschloß es schlicht und einfach, eben wunderbar zu spielen, und da wird eben wunderbar gespielt. Auch ihre Filme sind vernichtend geworden. Vor ca. 50 Jahren kopierten sie die Hollywood-Schnulzen, heute läuft es in umgekehrter Richtung. Von dem berühmten »Rashomon« produzierten die Amerikaner bisher drei eigene Imitationen. »Die sieben Samurai« übernahm man in Hollywood mit stammelnden Dankesworten und verwandelte sie in »Die glorreichen Sieben«...

Jetzt kam Subaru anstelle des Samurai.

Das war der Augenblick, in dem den westlichen Imperien der Atem stockte und die Augen zu zwinkern begannen. Die Japaner hatten beschlossen, von zwei auf vier Räder umzusteigen und eigene Automobile herzustellen. »Wir haben gut zehn Jahre Vorsprung«, trösteten sich die Produktionsspezialisten in Detroit, »Autos sind weder Transistorgeräte noch Kameras, nicht einmal Kopiergeräte«. Es dauerte ganze zwei Jahre. Dann erschienen die Inserate mit den unmöglichen Namen wie Datsun, Toyota, Mazda und so fort. Heute befinden sich alle anderen Autohersteller in einer schweren psychologischen Krise. Volkswagen entläßt Arbeiter am laufenden Band, Chrysler versinkt in Schulden, Ford weist zum Jahresschluß ein Defizit von 1,5 Milliarden Dollar auf – und Mitsubishi kommt erst jetzt in Schwung. Das japanische Auto ist hübscher, schneller, besser, preiswerter und und und. Sie sind der Konkurrenz stets einen kleinen Schritt voraus. Honda hat vor kurzem den ersten Kleinstwagen mit Servolenkung herausgebracht, Mazda stellt die revolutionären Wankelmotoren her...

Wie kommt es? – fragt man sich in Industriellenklubs und auf sozialistischen Kongressen – wie kommt es, zum Teufel noch mal, daß sie so erfolgreich sind, während wir doch größer und weißer sind. Vor 80 Jahren wußten diese armen Schlucker nicht einmal, wie eine Flachzange aussieht, und heute produzieren sie automatisch Automaten für die automatische Produktion...

Was tun? Wirklich! Mehr arbeiten kommt wegen Marx und Spencer nicht in Frage, die Produktionskosten senken kann man wegen der Gewerkschaften nicht. Übrig bleiben Schutzzölle, das heißt, Japan zu verbieten, sämtliche Lokalmärkte durch die hohe Qualität seiner Produkte zu zerstören. Allerdings ist es etwas peinlich, sich vor diese lächelnden Gelben zu stellen und ihnen zu sagen: Hört mal zu, aus familiären Gründen sind wir leicht in Verzug geraten...

Vorerst versucht jedoch der Westen noch, sein Gesicht zu wahren:

Ein wenig Verständnis, bitte – flüstern sie diesen anderthalb Meter großen Riesen ins Ohr – beherrscht euch, in Gottes Namen. Beschränkt von euch aus eure Ausfuhren, sonst bricht bei uns mit ohrenbetäubendem Lärm alles zusammen. Wir haben Familie, Kinder, erbarmet euch unser, bitte...

Japan besitzt nicht ein einziges Körnchen an Naturschätzen, alles muß im Ausland gegen harte Devisen erworben werden. Bald werden sie den ersten Platz unter den Stahlproduzenten der Welt einnehmen. Ärgerlich, nicht? Gerüchten zufolge erwägen die Führer der freien Welt, bei verzweifelten Maßnahmen Hilfe zu suchen. Ähnlich wie die Deutschen nach Ende des Ersten Weltkrieges Lenin in einem geschlossenen Waggon in das zaristische Rußland schmuggelten, beabsichtigen sie angeblich, einige Streikexperten des israelischen Gewerkschaftsverbandes nach Japan einzuschleusen, um dort wirksame Betriebsräte zu organisieren. Anders seien sie nicht zu bremsen, lautet die allgemeine Ansicht.

★

Inzwischen flattern die Nerven. Beruft der Generaldirektor von Toshiba oder Sanyo das Direktorium zur Besprechung der Programme für das folgende Jahr ein, bleibt in den Apotheken Europas nicht eine einzige Beruhigungstablette übrig. Der verschleierte Blick wandert über die Märkte: »Nein!« schreien die Kaugummihersteller überall auf. »Bitte, Kaugummi nicht, keinen Kaugummi herstellen!« Denn man weiß, wie es weitergehen würde. Der japanische Kaugummi kommt in einem Papier verpackt, das an dem Gummi nicht kleben bleibt, und er enthält Vitamine. Er behält seinen Geschmack über zwölf Stunden lang und spuckt sich dann von selbst aus. Hilfe! Es hängt lediglich von einem Beschluß ab. Widerstand ist aussichtslos. Wird heute in Italien eine neue Badewanne auf den Markt gebracht, die Badeöl ausscheidet und mittels eines Thermostats die Wasserwärme konstant hält, so erscheinen morgen in Italien die Badewannen von Mitsubishi, die alle diese Funktionen auch haben, darüber hinaus eine Reisegeschwindigkeit von dreißig Stundenkilometern bieten und Puccinis Opern in Quadrophonie spielen ... Angeblich soll eine kleine Fabrik in Nagasaki kürzlich mit der Herstellung von Sacher-Torten begonnen haben, die nach Wien exportiert werden. Sie sollen schmackhafter sein, sagt man.

Die Welt ist völlig entsetzt, beschämt und verzweifelt. Im Laufe der Jahre haben sich die Menschen daran gewöhnt, daß an der Unterseite eines jeden hübschen, ausgeklügelten und preiswerten Artikels »Made in Japan« steht, manchmal auch »in Hongkong« oder »Taiwan«, sofern hier eine Zusammenarbeit nach Japan vorliegt.

Es geht noch weiter. In den letzten Jahren schmuggelte sich ein neues Modell der deutschen Opel-Werke namens Manta in den Automarkt hinein. Merkwürdiger Name, was? Er klingt so exotisch. Und das ist wahrlich die Endphase der technologischen Entwicklung im Westen. Man borgt sich bereits japanische Namen, um das Vertrauen der Käufer zu gewinnen. Bald bringt Volvo sein Modell »Coyotta« auf den Markt, und General Motors bereitet insgeheim den Schlager der nächsten Saison vor, den typischen amerikanischen Sportwagen mit dem Namen »Pishimishi« ...

Der Verfasser dieser Zeilen nimmt seine in Tokio gedruckten Bücher in die Hand und betrachtet seine Humoresken, die in jenen merkwürdigen Schriftzeichen von oben nach unten laufen. Großer Gott, sagt er in seinem Innersten, ich fürchte, daß es in japanisch besser ist, es *muß* in japanisch besser sein.

Keine Gnade für Gläubiger

7. September. Traf heute zufällig Manfred Toscanini (keine Verwandtschaft) auf der Straße. Er war sehr aufgeregt. Wie aus seinem von Flüchen unterbrochenen Bericht hervorging, hatte er sich von Jascha Obernik 100 Shekel ausborgen wollen, und dieser Lump, dieser Strauchdieb, dieses elende Stinktier hatte sich nicht entblödet, ihm zu antworten: »Ich habe sie, aber ich borge sie dir nicht!« Der kann lange warten, bis Manfred wieder mit ihm spricht!
Ob wir denn wirklich schon so tief gesunken wären, fragte mich Manfred. Ob es denn auf dieser Welt keinen Funken Anständigkeit mehr gäbe, keine Freundschaft, keine Hilfsbereitschaft?
»Aber Manfred!« beruhigte ich ihn. »Wozu die Aufregung?« Und ich händigte ihm lässig eine Hundertshekelnote ein.
»Endlich ein Mensch«, stammelte Manfred und kämpfte tapfer seine Tränen nieder. »In spätestens zwei Wochen hast du das Geld zurück, du kannst dich hundertprozentig darauf verlassen!«
Wenn ich meine Frau richtig verstanden habe, bin

ich ein Idiot. Aber ich wollte Manfred Toscanini den Glauben an die Menschheit wiedergeben. Und ich will ihn nicht zum Feind haben.

18. September. Als ich das Café Rio verließ, stieß ich in Manfred Toscanini hinein. Wir setzten unseren Weg gemeinsam fort. Ich vermied es sorgfältig, das Darlehen zu erwähnen, doch schien gerade diese Sorgfalt Manfreds Zorn zu erregen. »Nur keine Angst«, zischte er. »Ich habe dir versprochen, daß du dein Geld in vierzehn Tagen zurückbekommst, und diese vierzehn Tage sind noch nicht um. Was willst du eigentlich?« Ich verteidigte mich mit dem Hinweis darauf, daß ich kein Wort von Geld gesprochen hätte. Manfred meint, ich sei nicht besser als alle anderen, und ließ mich stehen.

3. Oktober. Peinlicher Zwischenfall auf der Kaffeehausterrasse. Manfred Toscanini saß mit Jascha Obernik an einem Tisch und fixierte mich. Er war sichtlich verärgert. Ich sah möglichst unverfänglich vor mich hin, aber das machte es nur noch schlimmer. Er stand auf, trat drohend an mich heran und sagte so laut, daß man es noch drin im Kaffeehaus hören konnte: »Also gut, ich bin mit ein paar Tagen in Verzug. Na, wenn schon. Deshalb wird die Welt nicht einstürzen. Und deshalb brauchst du mich nicht so vorwurfsvoll anzuschauen!« Ich hätte nichts dergleichen getan, replizierte ich. Daraufhin nannte mich Manfred einen Lügner und noch einiges mehr, was sich der Wiedergabe entzieht.

Meine Frau sagte, was Frauen in solchen Fällen immer sagen: »Hab' ich's dir nicht gleich gesagt?« sagte sie und lächelte sardonisch.

11. Oktober. Wie ich höre, erzählt Manfred Toscanini überall herum, daß ich ein hoffnungsloser Morphinist sei und daß außerdem zwei bekannte weibliche Rechtsanwälte Vaterschaftsklagen gegen mich eingebracht hätten. Natürlich ist an alledem kein wahres Wort. Morphium! Ich rauche nicht einmal.
Meine Frau ist trotzdem der Meinung, daß ich um meiner inneren Ruhe willen auf die 100 Shekel verzichten soll.

14. Oktober. Sah Toscanini heute vor einem Kino Schlange stehen. Bei meinem Anblick wurden seine Augen starr, seine Stirnadern schwollen an, und seine Nackenmuskeln verkrampften sich. Ich sprach ihn an: »Manfred«, sagte ich gutmütig, »ich möchte dir einen Vorschlag machen. Vergessen wir die Geschichte mit dem Geld. Das Ganze war ohnehin nur eine Lappalie. Du bist mir nichts mehr schuldig. In Ordnung?« Toscanini zitterte vor Wut. »Gar nichts ist in Ordnung!« fauchte er. »Ich pfeife auf deine Großzügigkeit. Hältst du mich vielleicht für einen Schnorrer?« Er war außer Rand und Band. So habe ich ihn noch nie gesehen. Obernik, mit dem er das Kino besuchte, mußte ihn zurückhalten, sonst hätte er sich auf mich geworfen.
Meine Frau sagte zu mir: »Hab' ich's dir nicht gleich gesagt?«

29. Oktober. Immer wieder werde ich gefragt, ob es wahr ist, daß ich mich freiwillig zum Vietkong gemeldet habe und wegen allgemeiner Körperschwäche zurückgewiesen wurde. Ich weiß natürlich, wer hinter diesen Gerüchten steckt. Es dürfte derselbe sein, der mir in der Nacht mit faustgroßen Steinen die Fenster einwirft. Als ich gestern das Café Rio betrat, sprang er auf und brüllte: »Darf denn heute schon jeder Vagabund hier hereinkommen? Ist das ein Kaffeehaus oder ein Asyl für Obdachlose?« Um Komplikationen zu vermeiden, drängte mich der Cafetier zur Tür hinaus. Meine Frau hatte es gleich gesagt.

8. November. Heute kam mein Lieblingsvetter Aladar zu mir und bat mich, ihm 10 Shekel zu leihen. »Ich habe sie, aber ich borge sie dir nicht«, antwortete ich. Aladar ist mein Lieblingsvetter, und ich möchte unsere Freundschaft nicht zerstören. Ich habe ohnehin schon genug Schwierigkeiten. Das Innenministerium hat meinen Paß eingezogen. »Wir erwarten Nachricht aus Nordvietnam«, lautete die kryptische Antwort auf meine Frage, wann ich den Paß wiederbekäme. Soviel zu meinem Plan, ins Ausland zu fliehen.
Meine Frau – deren Warnungen ich in den Wind geschlagen hatte, als es noch Zeit war – läßt mich nicht mehr allein ausgehen. In ihrer Begleitung suchte ich einen Psychiater auf. »Toscanini haßt Sie, weil sie ihm Schuldgefühle verursachen«, erklärte er mir. »Er leidet Ihnen gegenüber an einem verschobe-

nen Vaterkomplex. Sie könnten ihm zum Abreagieren verhelfen, wenn Sie sich für einen Vatermord zur Verfügung stellen. Aber das ist wohl zu viel verlangt?« Ich bejahte. »Dann gäbe es, vielleicht, noch eine andere Möglichkeit. Toscaninis mörderischer Haß wird Sie so lange verfolgen, als er Ihnen das Geld nicht zurückzahlen kann. Vielleicht sollten Sie ihn durch eine anonyme Zuwendung dazu in die Lage setzen.« Ich dankte dem Seelenforscher überschwenglich, sauste zur Bank, hob 500 Shekel ab und warf sie durch den Briefschlitz in Toscaninis Wohnung.

11. November. Auf der Dizengoffstraße kam mir heute Toscanini entgegen, spuckte aus und ging weiter. Ich erstattete dem Psychiater Bericht. »Probieren geht über studieren«, sagte er. »Jetzt wissen wir wenigstens, daß es auf diese Weise nicht geht.« Eine verläßliche Quelle informierte mich, daß Manfred eine große Stoffpuppe gekauft hat, die mir ähnlich sieht. Jeden Abend vor dem Schlafengehn, manchmal auch während des Tages, sticht er ihr feine Nadeln in die Herzgegend.

20. November. Unangenehmes Gefühl im Rücken, wie von kleinen Nadelstichen. In der Nacht wachte ich schweißgebadet auf und begann zu beten. »Ich habe gefehlt, o Herr!« rief ich aus. »Ich habe einem Nächsten in Israel Geld geliehen! Werde ich die Folgen meines Aberwitzes bis ans Lebensende tragen müssen? Gibt es keinen Ausweg?«

Von oben hörte ich eine tiefe, väterliche Stimme: »Nein!«

1. Dezember. Nadelstiche in den Hüften und zwischen den Rippen, Vaterkomplexe überall. Auf einen Stock und auf meine Frau gestützt, suchte ich einen praktischen Arzt auf. Unterwegs sahen wir auf der gegenüberliegenden Straßenseite Obernik. »Ephraim«, flüsterte meine Frau, »schau ihn dir einmal ganz genau an! Das rundliche Gesicht... die leuchtende Glatze... eine ideale Vaterfigur!« Sollte es noch Hoffnung für mich geben?

3. Dezember. Begegnete Toscanini vor dem Kaffeehaus und hielt ihn an. »Danke für das Geld«, sagte ich rasch, bevor er mich niederschlagen konnte. »Obernik hat deine Schuld auf Heller und Pfennig an mich zurückgezahlt. Er hat mich zwar gebeten, dir nichts davon zu sagen, aber du sollst wissen, was für einen guten Freund du an ihm hast. Von jetzt an schuldest du also die hundert Shekel nicht mir, sondern Obernik.« Manfreds Gesicht entspannte sich. »Endlich ein Mensch«, stammelte er und kämpfte tapfer seine Tränen nieder. »In spätestens zwei Wochen hat er das Geld zurück.«

22. Januar. Als wir heute Arm in Arm durch die Dizengoffstraße gingen, sagte mir Manfred: »Obernik, diese erbärmliche Kreatur, sieht mich in der letzten Zeit so unverschämt an, daß ich ihm demnächst ein paar Ohrfeigen herunterhauen werde.

Gut, ich schulde ihm Geld. Aber das gibt ihm nicht das Recht, mich wie einen Schnorrer zu behandeln. Er wird sich wundern, verlaß dich darauf!« Ich verlasse mich darauf.

Buchmarkt

Neulich war ich leichtfertig genug, in einem Literatencafé eine kleine Stärkung zu mir zu nehmen. Nicht etwa, weil ich ein kleines Stündchen in der erhebenden Atmosphäre der Literatur verweilen wollte, sondern eher deshalb, weil mir der Sinn nach einem Kaffee und einem Nußhörnchen stand.
Am Nebentisch saßen zwei stadtbekannte Literaturagenten, deren lebhafte Konversation ich, ohne dies zu beabsichtigen, mit höchstem Interesse verfolgte.
»Na«, sagte der eine, »was hast du anzubieten?«
»Ich habe drei tolle Norman Mailer.«
»Spannend?«
»Keine Ahnung. Ich lese keine Bücher. Eines dürfte eine Liebesgeschichte sein, die beiden anderen gehören eher zur Protestliteratur.«
»Was verlangst du?«
»60000 pro Stück.«
»Zu teuer. Für das Geld bekomme ich 400 Seiten Solschenizyn. Was tut sich bei Bellow?«
»Bellow führe ich nicht. Aber ich kann dir jede

Menge Sagan besorgen, wenn du mir dafür Sex beschaffst.«
»Kein Problem. Ich habe 690 Seiten Hartporno, illustriert mit Gebrauchsanweisung.«
»Hast du irgendwas von Erica Jong auf Lager?«
»Ja, den letzten Schlager. Knapp 280 Seiten Schweinereien.«
»Wie heißt das Zeugs?«
»Egal. Auf dem Umschlag leckt eine nackte Puppe eine Banane. Kostet dich 81500.«
»Warum soviel?«
»Der Bananenpreis ist gestiegen. Aber wenn dir das zu teuer ist, kannst du einen neuen Updike für circa 20000 haben. Übrigens, Philip Roth oder Proust stehen im Augenblick auf 100000 pro Zentner. Hast du etwas in Science fiction?«
»Soviel du willst. Raumfahrt mit Zeitmaschine einschließlich 80 Farbfotos, 15000 pro Kilogramm.«
»In Ordnung. Ich nehme ein Viertel Kilo. Und was ist jetzt mit Mailer. Willst du ihn?«
»Nur die halbe Liebesgeschichte. Das genügt mir im Augenblick. Dazu vielleicht noch 100 Gramm Hemingway oder Xaviera Hollander.«
»Geht in Ordnung. Schick einen Lastwagen.«

Marktpsychologie

An einem besonders heißen Sommertag lag ich flach in der Badewanne und träumte von Eisbären. Die Türglocke beendete meine Polarexpedition. Da die beste Ehefrau von allen wieder einmal im vollklimatisierten Supermarkt einkaufen war, sah ich mich genötigt, meine subtropische Trägheit zu überwinden und selbst zu öffnen.
Vor meiner Tür bot sich mir ein unerwarteter Anblick: ein überdimensionaler Schiffscontainer. Daneben stand ein kleiner, ausgemergelter Mann, der auch schon bessere Tage gesehen hatte, der arme Teufel.
»Guten Tag«, sagte der arme Teufel, »wünschen Sie eine Tomate?«
Davon war nämlich der Container randvoll. Mit wunderschönen, reifen Tomaten. Das heißt, dem Geruch nach waren sie sogar schon ein bißchen überreif.
»Sie sind sicher überrascht, daß ich Ihnen Tomaten anbiete«, reagierte der arme Teufel auf meine gerümpfte Nase, »noch dazu zu einem Zeitpunkt, wo

Tomaten tonnenweise auf den Mülldeponien verfaulen. Aber damit beweisen Sie nur, daß Sie unsere Marktpolitik nicht begriffen haben.«
»Das müssen Sie mir näher erklären.«
»Gerne, mein Herr. Sehen Sie, Sie sind durch die Tatsache irregeführt, daß man in diesem Jahr unbegrenzte Mengen Tomaten kaufen kann, weil die Bauern viel zu viele angebaut haben. Doch jeder, der fähig ist zu denken, muß vor dem nächsten Jahr erschauern.«
»Wieso?«
»Können Sie sich auch nur einen einzigen Bauern vorstellen, der nach dieser katastrophalen Überproduktion in der nächsten Saison Tomaten anpflanzen wird? Ich nicht. Nicht für Geld und nicht für gute Worte wird es im kommenden Jahr Tomaten geben. Für eine einzige dieser herrlichen Früchte wird Bruder gegen Bruder die Hand erheben. Aber Sie, mein Herr, Sie und Ihre kleine Familie werden in beneidenswertem Glück und persönlicher Zufriedenheit schwelgen, sozusagen in Noahs Vitamin-Arche, denn Sie, mein Herr, Sie haben genügend Vorräte des roten Goldes auf die Seite gelegt! Mensch, kapieren Sie nicht, was Fortuna Ihnen anbietet? Sicherheit! Ein Leben in Überfluß! Das reinste Paradies. Ihre werte Frau Gemahlin wird Ihnen bis zu Ihrem letzten Atemzug dankbar sein. Also, was ist? Kaufen Sie, ja oder nein?«
»Nun gut«, besann ich mich noch rechtzeitig, »geben Sie mir ein Kilo, aber von den schönsten.«
»Tut mir leid«, antwortete der arme Teufel, »ich

kann Ihnen nur ein halbes Kilo geben. Ich muß auch an meine anderen Kunden denken.«

In diesem schicksalhaften Augenblick ging mein Selbsterhaltungstrieb mit mir durch. Die Zeiten der Nächstenliebe sind vorbei. Sollen doch die anderen sehen, wo sie bleiben. Mir geht meine Familie über alles.

»Ich kaufe den ganzen Container«, stieß ich heiser hervor. »Geld spielt keine Rolle.«

»Macht 200000 Shekel«, sagte der arme Teufel und kippte den ganzen Schiffsinhalt in den Rosengarten vor unserem Haus. Die obersten Tomaten erreichten gerade den ersten Stock. Ich zahlte bar und der Marktpsychologe fuhr mit dem leeren Container davon. Kurz darauf kam meine Frau nach Hause und ließ sich scheiden.

Bargeldloser Verkehr

Es begann, wie schon manches Unglück begonnen hat: mit Zahnschmerzen. Der Zahnarzt entdeckte in einem meiner Zähne ein Loch, verabfolgte mir eine Injektion, griff zum Bohrer, bohrte – und stellte mittendrin den Bohrer wieder ab.
»Bedaure«, sagte er, während er aus seinem Kittel schlüpfte. »Eine weitere Behandlung ist für mich nicht der Mühe wert.«
Ich lag hilflos im Operationssessel, eine Klammer im Mund, unfähig zu sprechen.
»Mein Nettoeinkommen hat bereits die Höhe von 1000 Shekel monatlich erreicht«, sagte der Zahnarzt und fing an, seine Instrumente zu versorgen. »Von jedem weiteren Pfund, das ich jetzt noch verdiene, muß ich 80 Prozent Steuer zahlen. Es ist nicht der Mühe wert.«
Ich gab ihm durch verzweifelte Gebärden zu verstehen, daß es mir trotzdem lieber wäre, wenn er die Behandlung fortsetzte.
»Es ist auch für Sie nicht der Mühe wert.« Mit diesen Worten erlöste er mich von der Klammer. »Sie müs-

sen 3000 Shekel verdienen, um 600 zu behalten und meine Rechnung zahlen zu können. Mir bleiben dann, nach Versteuerung dieser Summe, noch 120 Shekel, mit denen ich den Fahrlehrer meiner Frau bezahlen wollte. Anders ausgedrückt: von den 3000 Shekel, die Sie verdienen, bekommt der Fahrlehrer 120, von denen ihm 24 bleiben.«
»Immerhin netto«, entgegnete ich zaghaft.
»Das stimmt. Besser gesagt: es würde stimmen, wenn der Fahrlehrer sein Stundenhonorar nicht auf 48 Shekel netto verdoppelt hätte. Das bedeutet, daß ich Ihre Zahnarztrechnung verdoppeln müßte, um den Fahrlehrer bezahlen zu können. Und jetzt frage ich Sie nochmals: ist das für Sie der Mühe wert?«
Ich antwortete mit einer Gegenfrage, die zum ständigen Wortschatz des durchschnittlichen israelischen Bürgers gehört:
»Habe ich von Ihnen eine Empfangsbestätigung verlangt?«
»Pfiffig, pfiffig.« Der Zahnarzt wiegte anerkennend den Kopf. »Aber ich will keine Scherereien haben. Ich gebe der Steuerbehörde mein ganzes Einkommen an.«
»Dann haben Sie ein gutes Gewissen und ich ein Loch im Zahn.«
»Nicht unbedingt. Sie können die 48 Shekel direkt an den Fahrlehrer meiner Frau auszahlen. Damit wären wir beide gedeckt.«
»Und was soll ich den Leuten von der Steuer sagen, wenn sie in den Büchern des Fahrlehrers entdecken, daß ich die Stunden Ihrer Frau bezahle?«

»Sagen Sie Ihnen, daß meine Frau Ihre Geliebte ist.«
»Kann ich ein Photo von ihr sehen?«
»Ich dachte lediglich an die Steuer.«
Nach einigem Hin und Her überredete ich ihn, die Bohrarbeiten in der folgenden Woche fortzusetzen. Leider ergaben sich Schwierigkeiten mit dem Fahrlehrer. »Bis Ende August«, teilte er mir mit, »rühre ich kein Geld mehr an, sonst komme ich in eine höhere Steuerklasse. Nicht zu machen.«
»Könnte ich vielleicht Ihre Rechnung beim Lebensmittelhändler übernehmen?«
»Die zahlt schon der Möbelfabrikant, dem ich Fahrunterricht gebe. Ich bin sehr gut organisiert, müssen Sie wissen. Der Anstreicher, der bei mir Motorradfahren lernt, hat anstelle eines Honorars die Wohnung meiner Schwester ausgemalt. Meine Garagenrechnung zahlt ein Modezeichner. Können Sie singen?«
»Nicht sehr gut.«
»Schade. Sonst hätte ich bei Ihnen Gesangsstunden genommen. Sammeln Sie Briefmarken?«
»Nicht der Rede wert.«
»Hm. Warten Sie. Wenn Sie für den Fahrunterricht, den ich der Frau Ihres Zahnarzts gebe, unseren Babysitter bezahlen – wie wäre das?«
Ich hielt das für eine gute Lösung, aber die junge Dame, die bei Fahrlehrers als Babysitter engagiert war, hatte Bedenken. Sie nähme von fremden Männern kein Geld, sagte sie, und gab ihren Widerstand auch dann nicht auf, als ich ihr Empfehlungsschreiben von meinem Installateur, meinem Gärtner, dem

Schönheitssalon meiner Frau und von meinem Rechtsanwalt vorlegte, die alle bezeugten, daß ich meine Rechnungen immer pünktlich, immer in bar, immer ohne Empfangsbestätigung beglich.
»Nein, ich will mich niemandem in die Hand geben«, beharrte sie. »Tut Ihnen der Zahn sehr weh?«
»Es wird jeden Tag schlimmer.«
»Dann kaufen Sie mir Kontaktlinsen.«
»Gern. Aber was soll ich der Steuerbehörde sagen, wenn sie in den Büchern des Optikers entdeckt—«
»Sagen Sie ganz einfach, daß ich Ihre Geliebte bin.«
»Bedaure, die Stelle ist schon besetzt. Brauchen Sie vielleicht einen Regenmantel?«
»Noch vor ein paar Wochen hätte ich einen gebraucht. Aber jetzt hat das junge Ehepaar in unserem Haus ein Baby bekommen, auf das ich aufpassen muß... Wissen Sie was? Sie zahlen mir ein Wochenende in Tiberias mit voller Pension!«
Der Vorschlag sagte mir zu. Später erfuhr ich, daß es auch mit den Kontaktlinsen geklappt hätte. Es gibt in Tel Aviv bereits mehrere Optiker, die zusätzlich Bürobedarfsartikel verkaufen und für die Gesamtsumme eine Bestätigung ausstellen, die der Käufer als »Berufsspesen« von der Steuer absetzen kann.
Es gibt auch Antiquitätenhändler, die ihre gefälschten Tonkrüge mit Schreibmaschinen koppeln, und Schönheitssalons, in denen man statt der Massagerechnung eine Quittung für Übersetzungsarbeiten bekommt. Die Anrainer des Mittelmeers sind äußerst flexibel und finden sich in den Winkelzügen

des Daseins rasch zurecht. Das zeigte sich auch in Tiberias.

»Ein Wochenendzimmer für den Babysitter des Fahrlehrers wäre unter Umständen noch frei«, sagte der Hotelbesitzer. »Aber nicht telefonisch.«

Ich setzte mich in den Wagen und fuhr nach Tiberias, um die Angelegenheit ins reine zu bringen.

»Lassen Sie mich sehen.« Der Hotelbesitzer blätterte in seinen geheimen Aufzeichnungen. »Der erste Stock ist bereits ausgebucht. Da wohnt der Musiklehrer meiner Tochter, der Besitzer unserer Wäscherei und in der großen Suite unser Steuerberater. Bei uns wird nur noch in Sach- und Tauschwerten bezahlt. Geld nehmen wir nicht, weil wir sonst 80 Prozent –«

»Ich weiß, ich weiß. Aber wie soll ich dann meine Rechnung für den Babysitter zahlen? Haben Sie ein Kleinkind zur Verfügung?«

»Nein.«

»Kann ich bei Ihnen Teller waschen?«

»Im Augenblick nichts frei. Aber da fällt mir etwas ein: Sie können meinen Zahnarzt bezahlen.«

Und so schloß sich der Kreis. Der Zahnarzt des Hotelbesitzers nahm kein Geld an, um nicht in eine höhere Steuerklasse zu kommen.

Er verlangte statt dessen ein Flugticket nach Uruguay für seine Schwiegermutter, das ich gegen Erlag von 3000 Eiern erstand, mit denen die Redaktion einer führenden Wochenzeitung mein Honorar abgegolten hatte. Der Zahn wurde mir von einem Pfuscher bar gezogen.

Was immer man gegen unsere Regierung einwenden mag, und das ist eine ganze Menge – eines muß man ihr lassen: sie ist auf dem besten Weg, uns durch ihre weise Steuerpolitik vom Fluch des Geldes zu erlösen.

Der Wundergürtel

»Meine ganz spezielle Verehrung, Herr Ministerialrat. Womit kann ich dienen?«
»Ich bräuchte für meine Hose einen Gürtel, um sie enger zu schnallen.«
»Wenn ich Sie richtig verstehe, dann haben Sie die Absicht, Ihren Lebensstandard zu senken.«
»Ganz richtig. Dieser Tage hörte ich eine Rede des Finanzministers, worauf ich zu mir sagte: ›Oh, wie recht er doch hat! Wenn wir Staatsdiener nicht mit gutem Beispiel vorangehen und unseren Gürtel enger schnallen, wer sollte es dann tun? Nur so können wir unsere ökonomische Unabhängigkeit bewahren, beziehungsweise erreichen!‹ Und deshalb sehe ich mich jetzt nach einem passenden Gürtel um.«
»Goldene Worte, Herr Ministerialrat, goldene Worte. Hier wäre zum Beispiel ein Gürtel, den ich Ihnen mit bestem Gewissen empfehlen kann. Es handelt sich um ein Modell aus handgenähtem Ziegenleder, welche original-mexikanische Ornamente aufweist.«
»Sehr hübsch, aber haben Sie nichts Besseres?«

»Selbstverständlich. Wie würde Ihnen dieses prachtvolle italienische Export-Modell aus waschechtem Tapir-Leder gefallen? Die Schnalle ist aus echtem Silber mit eingelegten Halbedelsteinen. Es handelt sich um einen hundertprozentigen Sicherheitsverschluß, absolut reißfest, besonders geeignet für Bankette und Tanzveranstaltungen aller Art.«
»Nein, so was trägt heute schon jeder. Ich hätte gerne etwas Besonderes.«
»Ich glaube, dann hätte ich hier das Richtige für Sie, Herr Ministerialrat. Dieser beidseitig verzierte amerikanische Luxusgürtel aus Nashornleder kommt auch dem verwöhntesten Geschmack entgegen. Hier, an der Innenseite, finden Sie achtzehnkarätige Goldhaken zum Befestigen Ihrer Dienstwagenschlüssel. Dieser exklusive Knopf hingegen kontrolliert den eingebauten Mikrocomputer, und hier wäre noch eine Vorrichtung zur Fernsteuerung Ihres Farbfernsehgerätes.«
»Gibt es dieses Modell auch mit eingebauter Weckvorrichtung?«
»Ja natürlich, mit neun handgeschnitzten Transistoren. Aber zu meinem größten Bedauern hat sich die Lieferung aus der Schweiz verzögert. Ich erwarte sie erst gegen Anfang August.«
»Peinlich.«
»Ich bitte Sie, zur Kenntnis zu nehmen, verehrter Herr Ministerialrat, daß die Schuld nicht bei uns liegt. Es waren Mitarbeiter ihrer werten Dienststelle, welche die Genehmigung der Import-Lizenzen mutwillig verzögert haben.«

»Ich werde mich persönlich dieser Sache annehmen.«
»Sehr liebenswürdig, Herr Ministerialrat.«
»Also dann reservieren Sie mir ein Dutzend von diesen beidseitig verzierten amerikanischen Gürteln.«
»Mit größtem Vergnügen. Was den Preis betrifft...«
»Der Preis spielt keine Rolle.«
»Natürlich. Also dann auf ein frohes Gürtelengerschnallen, Herr Ministerialrat.«
»Danke, lieber Freund, Ihnen, als einfachem Bürger, ebenfalls.«

Tagebuch eines Budget-Gestalters

15. Dezember. Heute wieder bei Finanzminister Ehrlich wegen des Budgets für das kommende Geschäftsjahr. Verlangte für meine Abteilung 3 785 000 Shekel, das ist um eine Million mehr als zuletzt. Ehrlich blieb bei seiner Ablehnung und bezeichnete weitere Vorsprachen als nutzlos.

Ohne ein Wort zu sagen, stürzte ich mich auf ihn und packte ihn an der Kehle. Mein Plan war, ihn zu erwürgen und mich dann sofort der Polizei zu stellen: »Ich habe den Finanzminister umgebracht, machen Sie mit mir, was Sie wollen, es ist mir gleichgültig, ein Leben ohne ausreichendes Budget ist für mich nicht lebenswert.«

Leider kam es nicht soweit. Ehrlich war stärker als ich und schleuderte mich nach kurzem Ringkampf zu Boden. Blutüberströmt, aber ungebrochen, wurde ich von seinen Schergen abgeschleppt.

»Ich komme wieder!« rief ich noch in der Tür. »Ich werde scharf trainieren und komme wieder!«

»Kommen Sie nur«, schnarrte Ehrlich. »Dann kürze ich Ihr Budget um eine halbe Million.«

17. Dezember. Ziegler macht mir Sorgen. Schleicht geduckt durch die Amtsräume. Verschwindet in sein Zimmer, sobald er mich sieht, und sperrt sich ein. Heute ist es mir endlich gelungen, ihn zu stellen.
»Überschuß?« fragte ich. »Schon wieder?«
Aschfahl lehnte sich Ziegler gegen die Wand. Seine Stimme klang heiser.
»Es ist nicht meine Schuld... Nach allen Berechnungen müßten wir das Budget längst überschritten haben... Ich weiß nicht, was da passiert ist...«
Zornbebend pflanzte ich mich vor ihm auf:
»Wollen Sie damit sagen, Ziegler, daß unsere Abteilung kein Defizit hat?!«
»Ja, das stimmt... Das heißt nein, noch nicht...«
»Idiot!« Ich konnte mich nicht länger beherrschen. »Wie sollen wir für nächstes Jahr ein höheres Budget bekommen, wenn Sie nicht einmal imstande sind, das alte Budget aufzubrauchen?«
Ziegler zitterte am ganzen Körper: »Noch ist nichts verloren... Glauben Sie mir, daß ich mein Bestes tue... Wir haben ja noch ein paar Monate Zeit...«
Ich hielt ihm die Faust unter die Nase:
»Wenn Ihnen auch nur ein einziges Pfund übrigbleibt, drehe ich Ihnen das Genick um. Verstanden?«

23. Dezember. Kann nicht schlafen. Der Tag der Abrechnung rückt näher. In allen Regierungsämtern das gleiche Bild: angespannte Nerven und fieberhafte Aktivität, um das letzte Geld bis zum Stichtag loszuwerden. Sonst streicht die Regierung nicht nur ein, was noch da ist, sondern das nächste Budget wird bis zur Unkenntlichkeit reduziert. Und welcher Anblick wäre erbärmlicher als der eines Abteilungsleiters, dessen Budget keine Inflation aufzuweisen hat? So ein Mann mag weiter umhergehen und umhersitzen, mag sprechen und schwitzen wie ein Mensch – in Wirklichkeit ist er ein Geist, ein Gespenst, ein Frankenstein.

28. Dezember. Habe noch einmal die Bücher kontrolliert. Hoffte irgendwo einen Fehler zu entdecken. Vergebens. Wir haben beinahe 900 000 Shekel in der Kasse. Drei Monate vor Abschluß der Bilanz! Nur mit Mühe hielt ich mich vor Tätlichkeiten zurück, als Ziegler mir gegenüberstand:
»Die Ausstellung...« murmelte er. »Die hat alles über den Haufen geworfen...«
Diese verdammte Ausstellung. Im November, als wir merken mußten, daß unsere Geldbestände sich nicht im erforderlichen Tempo verringerten, hatten wir es mit ein paar aussichtsreichen Projekten versucht: einem gastronomischen Zentrum, einer Subvention für die Neugruppierung von Fernsehantennen und einer Ausstellung internationaler Straßenkreuzungen. Das hätte uns weit über eine Million kosten müssen. Es ließ sich auch recht gut an. Wir bestellten zum Preis von 100 000 Shekel ein japanisches Teleskop für das Gastronomische Institut, bewilligten jedem Besitzer eines Fernsehapparates 875 Shekel für eine neue Antenne, und was die Ausstellung betraf, so ging das Geld weg wie die warmen Semmeln. Das war aber auch ein großartiger Einfall:

auf den Ausstellungsgründen alle Straßenkreuzungen der Welt nachzubilden! Und dann, im letzten Augenblick...

Nie werde ich Zieglers Gesicht vergessen, als er an jenem Tag in mein Büro gestürzt kam:

»Wir sind verloren! Das Ministerium für Religiöse Angelegenheiten will sich an dem Projekt beteiligen!«

Ein Tiefschlag von ungeheuerlicher Tücke. Irgend jemand bei den Religiösen mußte dahintergekommen sein, daß es Straßenkreuzungen auch bei Nichtjuden gibt – und jetzt teilen sie uns den ursprünglich für die Orthodox-Chinesische Gemeinde bestimmten Subventionsbetrag zu, volle 800000 Shekel. Offenbar hatten auch sie ihre Budgetprobleme und wollten Ende März nicht bei Kasse erwischt werden, eine Gefahr, die um so größer war, als sich in ganz Israel kein einziger Angehöriger der chinesischen Orthodoxie auftreiben ließ. Aber warum sollte ich dafür büßen? Ich retournierte den klerikalen Opportunisten ihr Geld, mit einem scharfen Protestbrief und einem Förderungsscheck auf 50000 Shekel. Sie verweigerten die Annahme. Der Brief kam mit dem Vermerk »Empfänger unbekannt« an mich zurück. Die Sache wird ein gerichtliches Nachspiel haben. Aber vorläufig stehe ich mit meinem Millionenüberschuß da, und die Zeit vergeht, die Zeit vergeht.

3. Januar. Einer von Finanzminister Ehrlichs Assistenten kam in diplomatischer Mission zu mir.

»Der Minister«, teilte er mir vertraulich mit, »hat den

Eindruck, daß Sie nicht genügend Druck aufwenden, um eine Erhöhung Ihres Budgets durchzusetzen.«
»Ich? Nicht genügend Druck?« Empört sprang ich auf. »Ich habe ihn tätlich attackiert! Genügt das nicht? Wir haben gebrüllt wie die Stiere!«
»Leider hat man das nicht bis auf die Straße gehört.«
»Unmöglich.«
»Es wurde durch Nachprüfungen einwandfrei festgestellt. Der Minister befindet sich in einer schwierigen Lage. Er muß der Öffentlichkeit beweisen, daß er aus budgetären Gründen die Steuern nicht senken kann und daß er andererseits den übertriebenen Forderungen der einzelnen Ministerien nicht nachgibt. Das ist doch nicht so schwer zu verstehen, oder?«
»Nein, gewiß nicht. Aber was soll ich tun?«
»Das müssen Sie selbst wissen.«
Ich weiß es nicht. Ich weiß nur, daß wir immer weniger Zeit haben und immer mehr Geld. Es hat sich nämlich herausgestellt, daß Gastronomie nichts mit Sternen zu tun hat, weshalb wir das Gastronomische Zentrum in ein Steakrestaurant umwandeln mußten – und dieses Restaurant wirft laufend Profit ab!
Wir nennen es »Steakhaus zum Teleskop« und wissen nicht, wohin mit dem Reingewinn. Ein Versuch, ihn in eine tansanische Eisenbahn zu investieren, scheiterte kläglich. Das Ministerium für Entwicklungshilfe war uns zuvorgekommen.

12. Januar. Ging zu meinem Arzt und sagte:
»Herr Doktor, Sie müssen mich raschest in einen Zustand klinischer Hysterie versetzen. Zitternde Hände, hervorquellende Augen und was sonst noch dazugehört.«
»Budget?«
»Ja. Es geht gegen Ehrlich.«
Er verschrieb mir mit Rum versetzten rohen Tabak. Angeblich hat sich das in Budgetangelegenheiten immer bestens bewährt.

25. Januar. Habe Ehrlich überrumpelt. Er befand sich gerade in einer Konferenz mit dem Interessenverband der beiden israelischen Tiefseetaucher, die eine steuerfreie Haifisch-Zulage verlangten. Ehrlich lehnte ab. Neun Shekel hier, neun Shekel dort – und die ganze Wirtschaft bricht zusammen, sagte er. Daraufhin öffneten die Interessenvertreter das Fenster und drohten hinauszuspringen.
Ehrlich rief seinen Rechtsberater und erkundigte sich, ob er für ihren Tod verantwortlich wäre. Um diese Zeit hatte die Sitzung bereits acht Stunden gedauert.
Jetzt war der richtige Augenblick für mich gekommen. Ich stieß die Tür auf. Der Minister lag erschöpft über seinem Schreibtisch.
»Ehrlich!« brüllte ich hysterisch, mit zitternden Händen und hervorquellenden Augen. »Vier Millionen! Das ist mein letztes Offert!«
»In Ordnung«, flüsterte er. »Abgemacht.«

27. Januar. Eine Katastrophe. Ehrlich hat mir viereinhalb Millionen bewilligt. Wie, um des Himmels willen, wie und wofür soll ich soviel Geld ausgeben? Es wird mir nichts anderes übrigbleiben, als meinen Posten zur Verfügung zu stellen. Fünf Millionen, oder ich trete zurück.

Probleme der Kollegialität

Vor kurzem besuchte mich ein Unbekannter. Er stellte sich vor, bat mich jedoch inständig, seine Anonymität zu wahren.
»Ich bin am Ende meiner Weisheit«, sagte Amnon Zuckermann. »Als Regierungsbeamter verdiene ich 43650 Shekel im Monat einschließlich Inflationszuschlag und Hitzezulage. Mein Freund Imanuel Opatouski arbeitet im selben Ministerium, in der Inspektions- und Rechnungsabteilung. Er verdient genau so viel wie ich, und doch schaffte er sich von diesem Gehalt ein neues Video-Gerät an, drei Farbfernseher, einen Heimcomputer für sich und zwei für die Zwillinge, einen Helikopter, drei Häuser, zwei Grundstücke, ein Bergwerk, einige Rennpferde, eine Waffenfabrik, ein Stück Urwald und die gesammelten Werke von Agatha Christie. Ganz zu schweigen von dem Marmormausoleum, das er vor seiner Villa bauen läßt. Jetzt frage ich Sie, kann ein Mensch all das mit einem Beamtengehalt erstehen?«
»Ich würde das verneinen«, antwortete ich, »es sei denn, er macht Überstunden.«

»Macht er nicht. Er betreibt irgendwelche dunklen Geschäfte. Jeder weiß das. Vor einiger Zeit ließ dieser Opatouski vor dem Haupteingang seinen Aktenkoffer fallen, und was glauben Sie, purzelte heraus? Etwa zwanzig Millionen Schekel in kleinen Noten. Geschmacklos, nicht wahr? Während ich meine Familie notdürftig mit 43 650 Schekel ernähre, schleppt dieser Opatouski das Geld kofferweise nach Hause. Einfach so.«
»Warum melden Sie das nicht Ihrem Vorgesetzten?«
»Das ist ja eben das Problem. Natürlich wäre ich froh, wenn unsere Vorgesetzten über Opatouski Bescheid wüßten. Andererseits wäre es mir peinlich, wenn sich herumspricht, daß ich ihn verraten habe. Schließlich ist er mein bester Freund. Sie wissen doch, wie die Leute tratschen. Man kann also verstehen, daß ich keine andere Wahl hatte, als unserem Abteilungsleiter einen anonymen Brief zu schreiben. Und was glauben Sie, was dann geschah? Der Abteilungsleiter beauftragte mich, den Schreiber des Briefes zu ermitteln. Ich begann mit einer sorgfältigen Untersuchung, aber alle Indizien wiesen auf mich. Also blieb mir nichts anderes übrig, als die ganze Sache unter den Teppich zu kehren.«
»Und damit haben Sie den Skandal auf sich beruhen lassen?«
»Aber wo. Ich ging zur Polizei und spuckte aus, was ich wußte. Es wurde protokolliert und dann sollte ich das Protokoll unterschreiben. Als ich den Polizisten erklärte, das ginge nicht, da Opatouski mein bester

Freund sei, sagten sie, so etwas nenne man Verleumdung und ich würde noch von ihnen hören.«

»Warum haben Sie sich nicht an das staatliche Kontrollamt gewandt?«

»Habe ich doch. Ich habe unzählige Male angerufen und gebeten, man möge mich anonym empfangen. Ich wurde nicht empfangen. Dafür veröffentlichte der Leiter des staatlichen Kontrollamtes seinen inzwischen stadtbekannten Reporter mit der Überschrift: ›Verleumdung: tödliche Epidemie im System der Stadtverwaltung‹.«

»Wie peinlich.«

»Ich gab trotzdem nicht auf. Ich schrieb einen Brief an den Minister persönlich. Ich fragte ihn, wie man die üblen Machenschaften seines besten Freundes aufdecken kann, ohne daß irgend jemand – Gott behüte – erfährt, wer dahinter steckt. Der Minister leitete den Brief weiter an die Inspektions- und Rechnungsabteilung. Darauf bat mich der Leiter dieser Abteilung, Imanuel Opatouski, in sein Büro und erklärte mir, in einem solchen Fall zähle persönliche Freundschaft nichts, und ich sei moralisch verpflichtet, mit meiner Anklage an die Öffentlichkeit zu gehen. Er selbst stünde mir voll und ganz zur Verfügung. Ich könne seine persönliche Unterstützung und seiner absoluten Verschwiegenheit sicher sein.«

»Was tun Sie jetzt?«

»Was ich tue? Ich nage immer noch am Hungertuch, während sich mein Freund Opatouski in Reichtümern wälzt.«

»Warum«, fragte ich, »arbeiten Sie eigentlich nicht mit Opatouski zusammen?«
»Daran habe ich auch schon gedacht«, erwiderte Amnon Zuckermann, »aber ich fürchte die alte Regel: Zusammenarbeit im selben Büro zerstört auch die schönste Freundschaft.«

Anleihe als Risikofaktor

In der Regel habe ich immer einen Vorrat von Zehnpiastermünzen bei mir. An jenem Morgen hatte ich keine. Ratlos stand ich vor dem grausamsten Instrument unseres technischen Zeitalters: dem Parkometer. Sollte ein städtisches Amtsorgan des Weges kommen, dann könnte mich der Mangel eines Zehnpiasterstücks fünf Shekel kosten. Ich versuchte ein Fünfundzwanzigpiasterstück in den Schlitz zu zwängen, aber das Parkometer weigerte sich.
»Zehn Piaster?« fragte eine Stimme in meinem Rücken. »Werden wir gleich haben.«
Ich fuhr herum und erkannte Ingenieur Glick, der eifrig in seinen Hosentaschen stöberte.
»Hier!« Und damit warf er selbst die erlösende Münze in den gefräßigen Schlitz.
Ich wußte nicht, wie ich ihm danken sollte. Die von mir sofort angebotene Fünfundzwanzigermünze wies er von sich:
»Lassen Sie. Es ist nicht der Rede wert.«
»Wenn Sie einen Augenblick warten, gehe ich wechseln«, beharrte ich.

»Machen Sie sich nicht lächerlich. Sie werden schon einen Weg finden, sich zu revanchieren.«

Damit wandte er sich zum Gehen und ließ mich in schweren, bedrückenden Gedanken zurück. Schulden sind mir zuwider. Ich mag das nicht. »Sie werden schon einen Weg finden« – was heißt das? Was für einen Weg? Wieso?

Um sicherzugehen, suchte ich auf dem Heimweg einen Blumenladen auf und schickte Frau Glick zehn rote Nelken. So benimmt sich ein Kavalier, wenn ich richtig informiert bin.

Warum es leugnen: ich hätte zumindest einen Telefonanruf vom Hause Glick erwartet. Nicht, als ob mein Blumenarrangement besondere Dankesbezeigungen erfordert hätte, aber trotzdem...

Als bis zum Einbruch der Dämmerung noch nichts geschehen war, erkundigte ich mich telefonisch im Blumenladen nach dem Schicksal meiner Nelken. Ja, alles in Ordnung, die Nelken wurden um 16 Uhr 30 durch Boten befördert.

Ich wartete noch eine Stunde. Als meine Nerven zu zerreißen drohten, rief ich bei Glicks an.

Glick selbst war am Telefon. Wir unterhielten uns über die neuen Hafenanlagen, die neue Einkommensteuer und dies und jenes. Schließlich konnte ich nicht länger an mich halten.

»Da fällt mir ein«, sagte ich. »Hat Ihre Gattin die Blumen bekommen?«

»Ja. Meiner Meinung nach sollte Eschkol dem Druck der Religiösen nicht nachgeben. Er hat genügend Rückhalt, um...«

Und so weiter, und so weiter. Was war da los? Kein Zweifel, mit meinen Blumen stimmte etwas nicht. Nachdem die läppische Konversation zu Ende war, berichtete ich den Vorfall meiner Ehefrau. Sie wunderte sich überhaupt nicht.
»Natürlich«, sagte sie. »Auch ich hätte mich beleidigt gefühlt. Wer schickt heute noch Nelken? Die billigsten Blumen, die es überhaupt gibt.«
»Aber ich habe zehn Stück geschickt!«
»Na wenn schon. Es muß einen fürchterlichen Eindruck auf die Glicks gemacht haben. Jetzt werden sie uns für Geizhälse halten.«
Ich preßte die Lippen zusammen. Alles darf man mich nennen, nur keinen Geizhals. Am folgenden Morgen ging ich in die nächste Buchhandlung, erstand Winston Churchills vierbändige »Geschichte des Zweiten Weltkriegs« und ließ sie Ingenieur Glick schicken.
Der Abend kam. Ein Anruf kam nicht. Zweimal wählte ich Glicks Nummer, zweimal legte ich im letzten Augenblick den Hörer wieder auf.
Vielleicht hatte Glick übersehen, daß es sich um ein Geschenk von mir handelte?
»Unmöglich«, versicherte mir der Buchhändler. »Ich habe auf einer Begleitkarte ganz deutlich Ihren Namen angegeben.«
Zwei Tage verstrichen, zwei fürchterliche, zermürbende Tage. Am dritten Tag wurden mir die vier Bände Churchill zurückgestellt, in einem mangelhaft verschnürten Paket, dem folgender Brief beilag:
»Mein lieber Freund, begreifen Sie doch, daß ich für

die Hilfe, die ich Ihnen am 15. November um 9 Uhr geleistet habe, weder Dank noch Belohnung verlange. Was ich tat, tat ich aus gutem Willen und aus dem Bedürfnis, einem Mitmenschen, der in eine schwierige Situation geraten war, meine brüderliche Hand hinzustrecken. Das ist alles. Ich bin sicher, Sie an meiner Stelle hätten ebenso gehandelt. Mein schönster Lohn liegt in dem Bewußtsein, daß ich unter schwierigsten Bedingungen, in einem Dschungel von Eigensucht und Grausamkeit, ein menschliches Wesen bleibe. Herzlichst Ihr Glick. P. S.: Den Churchill habe ich schon.«
Abermals wunderte sich meine Gattin nicht im geringsten, als ich ihr den Brief vorlas:
»Ganz klar. Es gibt eben Dinge, die sich mit schnödem Mammon nicht abgelten lassen. Manchmal ist eine kleine Aufmerksamkeit mehr wert als das teuerste Geschenk. Aber ich fürchte, das wirst du nie verstehen, du Büffel.«
Was werde ich nie verstehen, was? Noch am selben Tag bekam Ingenieur Glick ein Geschenkabonnement für die Vorzugsserie der Philharmoniekonzerte.
Am Abend des ersten Konzerts lag ich an der Ecke der Hubermanstraße im Hinterhalt. Würde er kommen?
Er kam. Beide kamen. Ingenieur Glick und Gattin wohnten dem von mir gestifteten Vorzugskonzert bei. Aufatmend ging ich nach Hause. Zum erstenmal seit vielen Tagen fühlte ich mich von schwerem Druck befreit, zum erstenmal war ich wieder ich

selbst. Pünktlich um zehn Uhr abends läutete das Telefon.

»Wir sind in der Pause weggegangen«, sagte Glick, und seine Stimme klang sauer. »Ein miserables Konzert. Ein miserables Programm. Ein miserabler Dirigent.«

»Ich... ich bin verzweifelt«, stotterte ich. »Können Sie mir je verzeihen? Ich hab's gut gemeint, wirklich. Ich wollte mich ja nur für Ihre Hilfe von damals erkenntlich zeigen...«

»Hoho, alter Junge«, unterbrach mich Glick. »Das ist es ja. Geben ist eine Kunst. Mancher lernt's nie. Man darf nicht nachdenken und nicht nachrechnen, man gibt aus vollem Herzen oder gar nicht. Wenn ich mich selbst als Beispiel anführen darf – Sie erinnern sich. Als ich Sie damals in hoffnungsloser Verzweiflung vor dem Parkometer stehen sah, hätte ich mir ebensogut sagen können: ›Was kümmert's dich, du bist kein Autobesitzer und brauchst dich mit einem Autobesitzer nicht solidarisch zu fühlen. Tu, als hättest du ihn nicht gesehen. Er wird es nie erfahren.‹ Aber so zu handeln, wäre eben nicht meine Art. ›Hier ist ein Mensch in Not‹, sagte ich mir. ›Er braucht dich.‹ Und schon – Sie erinnern sich – schon war das Zehnpiasterstück im Schlitz Ihres Parkometers. Eine kleine Geste, weiter nichts. Und doch...«

Ich glaubte buchstäblich in die Erde zu versinken vor so viel Humanismus. Eine kleine Geste. Warum, lieber Gott, ermangle ich so völlig der Fähigkeit zu kleinen Gesten. Nicht nachdenken, nicht nachrechnen, nur geben, aus vollem Herzen geben...

»Glick hat vollkommen recht«, konstatierte die beste Ehefrau von allen. »Und jetzt ist der Karren natürlich völlig verfahren. Jetzt kann uns nur noch eine spektakuläre Aktion retten.«
Die ganze Nacht überlegten wir, was wir tun sollten. Den Glicks eine Eigentumswohnung kaufen? Mündelsichere Wertpapiere? Sie zu unseren Universalerben einsetzen? Wir zermarterten uns die Köpfe...

Schließlich brachte uns eine beiläufige Bemerkung des Ingenieurs auf den rettenden Einfall. Wie hatte er doch in seinem ausführlichen Monolog gesagt? Ich habe keinen Wagen, hatte er gesagt.
»Das ist die Lösung«, stellte die beste Ehefrau von allen befriedigt fest. »Du weißt, was du zu tun hast.«
»Aber ich kann auf meinen Wagen schon aus Berufsgründen nicht verzichten«, wimmerte ich. »Ich brauche ihn.«
»Das ist wieder einmal typisch für dich. Du bist und bleibst eine levantinische Krämerseele.«
Der Wagen wurde mit einer ganz kurzen Begleitnote zu den Glicks befördert: »Gute Fahrt«, schrieb ich, und: »Nochmals Dank.«
Diesmal reagierte Glick positiv. Gleich am nächsten Morgen rief er mich an:
»Entschuldigen Sie, daß ich Sie schon zu so früher Stunde aufwecke. Aber ich kann den Wagenheber nirgends finden.«
Das Blut schoß mir zu Kopf. Vor mehr als einem Jahr war der Wagenheber gestohlen worden, und ich hatte noch immer keinen neuen gekauft. Jetzt wird

Glick womöglich auf einer einsamen Landstraße einen Pneudefekt haben und mich bis an sein Lebensende verfluchen.

»Ich komme!« rief ich ins Telefon, kleidete mich in sausender Eile an, nahm ein Taxi und kaufte einen Wagenheber, den ich sofort bei Glick abliefern wollte.

Am Rothschild-Boulevard, auf den vom Magistrat zugelassenen Parkplätzen, deren Zulassung durch Parkometer kenntlich ist, sah ich einen Wagen stehen, der mir bekannt vorkam.

Er war es. Mein Wagen stand vor einem Parkometer, vor dem Parkometer stand Ingenieur Glick und kramte verzweifelt in seinen Taschen.

Ich ließ das Taxi anhalten und stürzte mit einem heiseren Aufschrei auf Glick zu:

»Zehn Piaster? Werden wir gleich haben!«

Glick wandte sich um und erbleichte:

»Danke! Ich brauche keine. Ich habe sie selbst! Ich habe sie selbst!«

Er setzte die fieberhafte Suche fort. Ich nahm die meine auf. Wir keuchten beide vor Anstrengung. Denn uns beiden war klar, was auf dem Spiel stand. Glick stülpte eine Tasche nach der anderen um, ohne ein Zehnpiasterstück zu finden.

Nie werde ich das schreckensbleiche Gesicht vergessen, mit dem er zusah, wie ich mein Zehnpiasterstück langsam und genießerisch in den Schlitz des Parkometers versenkte:

»Hier, bitte!«

Vor meinen Augen begann Glick um mehrere Jahre

zu altern. Er schrumpfte sichtbar zusammen, während er in die Hosentasche griff und mir die Schlüssel zu meinem Wagen aushändigte. Aus seiner Brusttasche zog er das Abonnement für die Philharmonie und übergab es mir unter leisem Schluchzen. Gegen Abend kamen Blumen für meine Frau. Man muß es ihm lassen: Er ist ein guter Verlierer.

Der Tag, an dem Mammon verblich

Dr. Steinherz: Es ist mir eine Ehre, in meiner Eigenschaft als Vorsitzender des Obersten Beirates für Finanzgerechtigkeit, die heutige, als wahrhaft historisch zu betrachtende Sitzung zu eröffnen. Laut Tagesordnung übergebe ich das Wort dem Referenten unseres Beirates, Herrn Direktor Schultheiß.
Schultheiß: Herr Vorsitzender, verehrte Beiräte! Wir sind hier und heute zusammengekommen, um der in unserem Lande herrschenden Anarchie auf dem Sektor Erbschaftsrecht ein für allemal Einhalt zu gebieten. Die hierzulande gültigen diesbezüglichen Gesetze sind zum Teil noch aus der Türkenzeit in Kraft, sie tragen demnach in keiner Weise den Erfordernissen eines sozialistischen Staates Rechnung.
Glück: Sind wir ein sozialistischer Staat?
Schultheiß: Was denn sonst?
Glück: Pardon, man wird doch noch fragen dürfen.
Schultheiß: Wir stehen sogar ziemlich weit links von der Mitte, da gibt es keine Frage. Und deshalb sträubt sich mein ganzes Wesen gegen das überalterte Gesetz, demzufolge ein Mensch, nur weil er

zufällig begabter und fleißiger ist als seine Mitbürger, in die Lage versetzt wird, Vermögenswerte an seine Nachkommen zu vererben.
Glück: Wo bleibt denn hier die Gleichheit vor dem Gesetz?
Slutschkowski: Da gibt es nur eins: an die Wand mit diesen Parasiten, Kugel durch den Kopf und Feierabend.
Dr. Steinherz: Ich fürchte, das könnte unter Umständen gewisse Auslandsinvestoren verschrecken. Unsere Aufgabe ist es, ein neues, subtiles Erbschaftssteuergesetz zu erarbeiten, nach dessen Inkrafttreten die derzeit herrschende Anarchie beendet sein muß. Dieses Gesetz wird Mammons Herrschaft ein abruptes Ende setzen. Es soll gewährleisten, daß alle Bürger dieses Landes ihren Lebensweg unter den gleichen Voraussetzungen beginnen können.
Slutschkowski: Am Nullpunkt, verdammt noch einmal!
Dr. Steinherz: Das soll nicht heißen, daß ein hoher Lebensstandard unerreichbar sein wird. Wenn einer diesbezügliche Ambitionen hat, warum nicht? Die Tore der Parteiorganisationen stehen jedermann offen. Dienstwagen, Dienstwohnung, Auslandsreisen, Spesen, Diäten und Entschädigungen, all das steht im Bereich des Möglichen. Aber nur für den, der so wie einst wir, bereit ist als gewöhnlicher Speichellecker in unserer Bewegung ganz unten anzufangen.
Sulzbaum: (singt) »Wacht auf, Verdammte dieser Erde, die stets man noch zum Hungern zwingt...«

Dr. Steinherz: Noch nicht.
Schultheiß: Ich kann Ihnen versichern, meine Genossen, daß das neue Erbschaftsrecht in Hinkunft sämtliche Erben mit der ganzen Härte des Gesetzes bestrafen wird. Bisher war es doch so, daß der Erbe eines Hauses, angesichts der unerträglich hohen Erbschaftssteuervorschreibung, sagen konnte: »Ich nehme die Erbschaft nicht an. Holt euch das verdammte Haus und laßt mich damit in Ruhe!« Mit solch simplen Tricks konnte man sich bisher seinen staatsbürgerlichen Pflichten der Öffentlichkeit gegenüber entziehen. Das, meine Herren, soll nun anders werden. In Hinkunft muß er zahlen, egal, ob er das Erbe annimmt oder nicht.
Slutschkowski: So ist es richtig, Genossen! Ohne Federlesen an die Wand mit ihnen, Kugel durch den Kopf und Feierabend.
Sulzbaum: Einen Augenblick, meine Herren. Bei allem Verständnis für die soziologische Umwälzung, die das neue Erbschaftsrecht herbeiführen wird – nein, muß! –, gibt es da noch einen weiteren Aspekt, der mich ernsthaft beschäftigt.
Dr. Steinherz: Fasse dich kürzer, Sulzi. Worum geht's?
Sulzbaum: Mein Onkel hat ein Haus.
Schultheiß: Ein großes Haus?
Sulzbaum: Mittelgroß.
Glück: Und?
Sulzbaum: Ich bin der Alleinerbe.
Glück: Maseltow, herzlichen Glückwunsch!
Sulzbaum: Danke.

Dr. Steinherz: Mir scheint, Genossen, daß hier ein klarer Grenzfall vorliegt. Wieviel mag das Haus des Onkels wert sein?
Sulzbaum: Vielleicht eine halbe Million.
Dr. Steinherz: Wie wir alle wissen, meine Herren, muß ein Gesetz flexibel sein. Wir werden also eine zusätzliche Novelle erarbeiten, derzufolge mittelgroße Häuser bis zum Wert einer halben Million von der Erbschaftssteuer befreit sind. Irgendwelche Gegenstimmen?
Genosse: Keine.
Schultheiß: Aber darüber hinaus darf es kein Erbarmen geben. Für jedes einzelne Schmuckstück muß bezahlt werden!
Sulzbaum: Länge mal Breite!
Glück: Langsam, langsam, Genossen! Meine Frau besitzt zwei Ohrringe...
Dr. Steinherz: Kein Problem. Sie soll die Ohrringe einfach dem Dachverband der Gewerkschaft vermachen. Der Gesetzentwurf sieht vor, daß Vermögenswerte, die vom Erblasser an die Gewerkschaft, beziehungsweise an die Koalitionsparteien vermacht werden, von der Erbschaftssteuer befreit sind.
Glück: Schön und gut, aber meine Frau sagt, daß sie nicht bereit ist, die Ohrringe an die Öffentlichkeit zu vererben.
Dr. Steinherz: Warum nicht?
Glück: Was weiß ich? Weiber sind seltsam. Sie will diese Ohrringe ausgerechnet ihrer Tochter vermachen.
Dr. Steinherz: Merkwürdig.

Schultheiß: Grenzfall?
Dr. Steinherz: Eher schon. Also bitte, Ohrringe bleiben steuerfrei. Aber was Teppiche betrifft...
Glück: Das ist gefährlich. Wir alle haben Teppiche zu Hause.
Dr. Steinherz: Dann also Bilder.
Sulzbaum: Sind auch vorhanden.
Dr. Steinherz: Füllfederhalter!
Slutschkowski: Sogar zwei.
Dr. Steinherz: Elektrische Toaster!
Schulheiß: Gestern habe ich einen gekauft.
Dr. Steinherz: Aber irgend etwas muß es doch geben, was wir nicht haben. Also denken Sie nach, Genossen, was fehlt uns?
Slutschkowski: Warum soll *uns* etwas fehlen?
Sulzbaum: Weil es einen Unterschied geben muß zwischen uns und den widerlichen Reaktionären.
Glück: Ich hab's! Wir haben keine Krawatten.
Dr. Steinherz: Das ist es!
Slutschkowski: Genial! Wir, als alte Kämpfer gegen die Bourgeoisie, tragen seit eh und je keine Krawatten, sondern Ausschlaghemden.
Schultheiß: Bitte notieren: »Erben von Luxuskrawatten jedweder Art entrichten eine einmalige und retroaktive Erbschaftsstrafe in der Höhe von 200 Prozent der amtlich festzustellenden Kragenweite.«
Dr. Steinherz: Ausgezeichnet! Und was Briefmarkensammlungen betrifft...
Slutschkowski: Briefmarken? Ganz schlecht, ich habe welche.
Schultheiß: Wieso?

Slutschkowski: Mein Sohn, der rothaarige, hat mich gebeten, für ihn Briefmarken zu sammeln. Vor einigen Wochen, als er Bar-Mitzwah feierte, hab' ich sie ihm geschenkt.
Dr. Steinherz: Was für Briefmarken, Genosse?
Slutschkowski: Afrikanische.
Dr. Steinherz: Hmmm...
Schultheiß: Wenn Sie gestatten, Herr Vorsitzender, mir schwebt da eine Formulierung für Grenzwerte vor. Wir befreien Sammlungen afrikanischer Briefmarken von der Erbschaftssteuer, vorausgesetzt, daß der Erbe rothaarig ist.
Slutschkowski: Das ist ein Blödsinn, Schultheiß. Was ist, wenn sich im Laufe der Jahre die Haarfarbe meines Sohnes ändern sollte?
Dr. Steinherz: Keine Probleme. »Von der Erbschaftssteuer befreit sind Sammlungen afrikanischer Briefmarken, wenn der Erbe zum Zeipunkt seiner Bar-Mitzwah rothaarig war und er gleichzeitig der Sohn eines Mitglieds des Obersten Beirates für Finanzgerechtigkeit ist.«
Slutschkowski: Dieser Gesetzentwurf scheint mir unklar formuliert zu sein. Was ist, wenn ich zum Zeitpunkt meines Ablebens nicht mehr Mitglied des Obersten Beirates für Finanzgerechtigkeit bin?
Schultheiß: Ein berechtigter Einwand. Ich schlage daher folgenden endgültigen Wortlaut vor: »Von der Erbschaftssteuer befreit sind alle Sammlungen afrikanischer Briefmarken zur Zeit der Bar-Mitzwah von rothaarigen Erben, wenn der Erblasser Jehiel Slutschkowski heißt.«

Slutschkowski: Das scheint mir annehmbar zu sein.
Dr. *Steinherz:* Ich stelle mit Freude und Genugtuung fest, Genossen, daß wir bei unserer verantwortungsvollen Arbeit im Dienste der Öffentlichkeit gute Fortschritte zu verzeichnen haben. Wir haben nur noch die endgültige Fassung der Gesetzesvorlage zu formulieren und können dann mit Stolz im Geschichtsbuch unseres Landes vermerken, daß wir der Verwirklichung des Sozialismus einen großen Schritt nähergekommen sind.
Schultheiß: Vorsicht, ich besitze ein Geschichtsbuch.

Wohnungsmarkt

Draußen regnete es, und auch unser beharrliches Schweigen hatte etwas Winterliches. Es war Freitag nachmittag, und unseren Kaffee hatten wir ausgetrunken. Wir saßen in unserem Stammkaffee, Jossele und ich, und warteten auf ein Naturereignis.
»Wir müssen irgend etwas unternehmen«, meinte Jossele nach längerem Nachdenken. »Das Leben ist schwer genug. Und jetzt kommt noch diese Wohnungsnot hinzu. Die Baukosten werden von Tag zu Tag höher, die Wohnungen sind teuer, und kein Mensch ist bereit, etwas dagegen zu tun.«
»Willst du vielleicht Maurer werden?« fragte ich verstimmt.
»Das nicht«, erklärte Jossele, »aber ich könnte mich eventuell als Wohnungsvermittler versuchen.«
Sprachs und winkte den Kellner an unseren Tisch. Er informierte ihn flugs, daß er vor fünf Minuten eine renommierte Wohnungsmaklerfirma gegründet hätte, und bereit sei, für jeden Kunden, den ihm der Kellner brächte, fünfzig Shekel in bar als Provision zu zahlen.

Wenige Minuten später erschien der erste hoffnungsvolle Klient.

»Nehmen Sie Platz«, sagte Jossele, »was für eine Wohnung stellen Sie sich vor?«

»Zwei Zimmer und ein Atelier«, strahlte der Interessent, »mit einem großen Küchenbalkon, im Zentrum der Stadt.«

»Ich glaube, ich habe das Richtige für Sie«, meinte Jossele, »aber lassen Sie mich vorerst meine Bedingungen nennen. Ich stelle Ihnen eine Liste von entsprechenden Wohnungen zur Verfügung, Sie schauen sich das Angebot an und sprechen mit den Eigentümern. Ich verlange keine Vorauszahlung. Aber wenn das Geschäft zustandekommt, zahlen Sie mir drei Prozent Vermittlungsgebühr.«

»Natürlich«, sagte der Klient, »das klingt fair.«

»Herr Ober«, rief Jossele den Kellner. »Bringen Sie mir die Zeitungen.«

Der Kellner brachte einen ganzen Stoß. Jossele wies unseren Klienten an, Zettel und Bleistift zu nehmen und alle Adressen abzuschreiben. In den Zeitungen waren Unmengen von Wohnungen angeboten. Es war Freitag, und die Wochenendausgaben platzten vor Inseraten. Unser Kundenerstling notierte sich an die dreißig Adressen, unterschrieb den eilig improvisierten Vertrag und machte dem nächsten Klienten Platz.

»Sehr schön«, bemerkte Jossele, »das Geschäft läuft.«

Inzwischen hatte sich vor unserem Tisch eine Menschenschlange gebildet. Wir leisteten 28 hoffnungsvollen Wohnungsjägern professionellen Beistand, und pünktlich um fünf Uhr schlossen wir unser Büro. Während der letzten Stunde hatte Jossele hauptsächlich Verträge aufgesetzt, die er sich unterschreiben ließ, während ich die Zeitungen durchkämmte.

Nun, ein Unternehmen wie dieses birgt natürlich Risiken. Bis zum Abend kamen nur drei Klienten von 28 (!) zurück und zahlten 65072 Shekel Vermittlungsgebühren. Zugegeben, wir waren etwas enttäuscht. Verstimmt zahlten wir dem Ober sechs Kaffee und drei Provisionen.

»Da tut man sein Bestes, um seinen Mitmenschen zu helfen, und was ist der Dank dafür? Ich bin überzeugt, daß wesentlich mehr Klienten durch unsere Bemühungen zu einem Dach über dem Kopf gelangt sind als jetzt gezahlt haben«, bemerkte Jossele stocksauer und zog die Rolläden des Kaffees herunter. »Lauter Betrüger!«

Ein Versager

»Sarah, schläfst du?«
»Ja.«
»Ich kann nicht einschlafen. Ich habe eine Schlaftablette genommen.«
»Was ist denn los?«
»Ich habe ein ungutes Gefühl. Es sieht so aus, als ob ich der einzige Beamte meiner Abteilung wäre, der vom Autofabrikanten Schubinski nichts bekommen hat. Ist das nicht merkwürdig?«
»Hör auf, dich zu quälen, Joram, das muß keiner erfahren.«
»Das glaubst du! Im Büro spielen sie ununterbrochen darauf an. Zum Beispiel heute morgen, als ich durch die Tür kam, sagte Schultheiß mit hämischem Grinsen: ›Ha, da kommt die Primadonna!‹«
»Hat denn Schultheiß etwas bekommen?«
»Da fragst du noch? Er hat von Schubinski einen speziellen Winterrabatt in Höhe von 17350 Shekel auf ein herrliches Coupé herausgeholt. Wobei der Wagen selbst nur 14200 Shekel gekostet hat.«
»Wie ist ihm das gelungen?«

»Es war ein Vorführmodell. Es ist zum Verzweifeln. Alle haben sich an Schubinski herangemacht. Alle, nur ich nicht.«

»Mit welcher Begründung haben sie das getan?«

»Aufgrund der Regierungsvereinbarungen mit Autocars.«

»Das verstehe ich nicht.«

»Dann werde ich versuchen, es dir zu erklären. Eine Arbeiterregierung wie die unsere kann nicht ohne weiteres vom Volk die Steuern einheben, um sie dann auf die einzelnen Bürokraten zu verteilen. Man braucht einen Vertuschungsfaktor dazwischen. Also bediente man sich des Schubinski, der als eine Art Kontokorrent zwischen den verschiedensten Beteiligten fungiert hat.«

»Ich verstehe es noch immer nicht.«

»Es ist doch ganz einfach. Schubi bekommt öffentliche Mittel in Form von staatlichen Anleihen, Zuschüssen und Schutzzöllen, und diese Gelder ließ er dann wieder in Form von Rabatten, Geschenken, Stipendien, Diäten und ähnlichem an die Staatsdiener zurückfließen.«

»Nennt man das Liquiditätskreislauf?«

»Ungefähr. Der volle terminus technicus lautet: ›Der Zahlungsmittelumschlag von der Tasche des Steuerzahlers an die Spitzengremien über Katalysator Schubinski.‹«

»Ach so. Jetzt erklär mir noch, warum hast ausgerechnet du an dieser nationalen Aktion nicht teilgenommen?«

»Weiß der Kuckuck! Das ist ja der Grund, warum

ich nicht schlafen kann. Eben gestern abend habe ich in der vierten Fortsetzung der Empfängerliste von Autocar-Begünstigten geblättert und war sprachlos. Die Liste glich einem ›Who is Who in Israel‹. Da gibt es Parteifunktionäre, Generäle, Direktoren, Journalisten, Gewerkschaftsführer, hohe Beamte...«

»Jetzt kann ich auch nicht mehr schlafen.«

»Ein Direktor der staatlichen Eisenbahnen erhielt zum Geburtstag seines Enkels einen Autobus, und der Hausgehilfin des Verkehrsministers ersetzte Schubinski den veralteten Kühlschrank durch einen Lastwagen.«

»Mir scheint, Joram, du bist wirklich blöd.«

»Wem sagst du das? Einem Beamten der Importabteilung schenkte Schubinski ein Segelflugzeug, und einem Direktor der Steuerfahndung finanzierte er den Scheidungsprozeß.«

»Diese Großzügigkeit ehrt ihn.«

»Das ist noch nicht alles. Dem Generalsekretär der Hafenarbeitergewerkschaft schenkte er eine Troika mit drei weißen Pferden.«

»Bist du sicher?«

»Das weiß ich genau, weil damals der Zolloberinspektor von der Hafenbehörde dagegen protestiert hat.«

»Warum denn?«

»Weil er von Schubinski nicht mehr bekam als ein Aquarium mit einigen schäbigen Zierfischen und eine Flugreise nach Äthiopien für seine Schwiegermutter.«

»Da hat er aber zu Recht protestiert. Das ist kein Vergleich mit einer Troika.«

»Das war ja auch der Grund, warum der Mann damals beim Finanzamt die bodenlose Verschwendung in Schubinskis Unternehmungen denunziert hat. Schon damals hat er den baldigen Konkurs von Autocars prophezeit.«

»So ein Schuft.«

»Unter uns gesagt, das war zu erwarten. Es hat sich nämlich herausgestellt, daß schon zu Beginn dieses Steuerjahres allein die an Regierungsbeamte gewährten Vergünstigungen die Höhe von 840 Millionen erreicht hatten.«

»Wie hat er das verbucht, der Schubinski?«

»Zum Teil unter ›Sonstiges‹, zum Teil unter ›Verschiedenes‹, den Rest unter ›Bagatellbeträge‹. Als der Finanzminister davon hörte, mußte er natürlich sofort aktiv werden, um die Affäre beizulegen.«

»Wie?«

»Mit eiserner Hand. Durch Erhöhung der Schutz-Zölle auf Importautos um 315 Prozent. Ferner verordnete er eine gründlichere Besteuerung der Hausgehilfinnen. Achtzehn von ihnen wurden von der Steuerfahndung sofort festgenommen und einer polizeilichen Untersuchung zugeführt. Fünf Hausgehilfinnen wurden damals zu Freiheitsstrafen zwischen 2 und 16 Monaten verurteilt.«

»Ja, ich erinnere mich an den großen ›Putzfrauen-Skandal‹. Damals wurde auch der Petroleumpreis für Heizöfen um 210 Prozent erhöht, wenn ich nicht irre.«

»Aber nein, Sarah, du bringst alles durcheinander. Der Petroleumpreis wurde erhöht, als die staatliche Feinsandmühle bei Versuchen mit künstlichem Regen eine Viertelmilliarde verwirtschaftet hat.«
»Wieso? Fiel denn kein Regen?«
»Schon, aber er wurde gestohlen.«
»Ich bin ein bißchen verwirrt, Joram. Hat auch dein Minister irgendwelche Vergünstigungen von Schubinski bekommen?«
»Gott bewahre, Sarah, wo denkst du hin? Vom Minister aufwärts sind die Staatsdiener bei uns ehrlich und unbestechlich. Das weiß jedes Kind. Nur was Parteifinanzierungen betrifft, so mußte mein Minister manchmal ein bißchen intervenieren. Zum Beispiel hat er kürzlich dem Schubinski eine Zigarettenschachtel geschickt, auf deren Innenseite mit einem abgebrannten Streichholz notiert war: ›Schubi, sei so lieb und schicke für die Bewegung eine halbe Million herüber.‹«
»Na und? Hat er herübergeschickt?«
»Schubi ließ sofort 350000 hinüberbringen. Mehr Bargeld hat er damals nicht bei sich gehabt. Der Rechnungsprüfer des Handelsministeriums entdeckte den Fall in den Büchern unter der Bezeichnung ›Allgemeine Zigarettenversorgung‹, und er fand das durchaus in Ordnung.«
»Was ergab sich für ihn daraus?«
»Ein Wagen mit 1500 ccm Hubraum zu günstigen Ratenzahlungen.«
»Ein gutes Auto?«
»Nicht schlecht. Es war eine britisch-japanisch-isra-

elische Co-Produktion. Die Karosserie war aus England, der Motor aus Japan, der Rabatt aus Israel.«
»Jetzt erklär mir endlich, Joram, wieso du als einziger in deiner Abteilung keinen Wagen von Schubinski bekommen hast?«
»Ich bin zu spät gekommen, Sarah, einfach zu spät. Zuerst habe ich gedacht, man soll sich nicht von der Menge mitreißen lassen. Ich wollte abwarten...«
»Warum?«
»Weil die erste Serie einer Autoproduktion meist fehlerhaft ist. Und vielleicht hatte ich auch ein bißchen Mitleid mit Schubinski. Immerhin hatten sich ja Tausende von Beamten auf einen einzigen Menschen gestürzt.«
»Das Leben hier war immer schon hart, Joram.«
»Natürlich. Aber als ich dann in der Zeitung eine Warnung des Nationalbank-Präsidenten las: ›Wenn der Strom der Bestechungsgelder nicht eingedämmt wird, muß mit einem rapiden Ansteigen der Inflation gerechnet werden‹, da hatte ich plötzlich Angst übrigzubleiben und versuchte, Kontakt zu Schubinski aufzunehmen.«
»Na endlich.«
»Ich ging zum Betriebsrat meines Ministeriums und ersuchte ihn um ein Autocar-Ermäßigungsformular für Kleinwagen. Er sagte mir: ›Das kann nur mündlich erledigt werden.‹ Also rief ich bei Schubinski zu Hause an. Es meldete sich der Telephonanrufbeantworter: ›Guten Tag. Zur Zeit sind alle Zuwendungsposten besetzt. Bitte warten. Sie werden in der Reihenfolge Ihres Anrufes bedient...‹«

»Und?«
»Ein halbes Jahr habe ich gewartet. Inzwischen sind die fremden Geschäftspartner aus dem Kleinwagengeschäft ausgestiegen und haben den armen Schubi ohne einen Bestechungsgroschen zurückgelassen. Den Rest weißt du aus der Presse. Als ich endlich drankommen sollte, war Schubinski schon ausgeleert und entlarvt. Heute ist kein Mensch im ganzen Land einsamer als er. Alle Würdenträger, die im vergangenen Jahrzehnt um seine Freundschaft gebuhlt haben, würden heute keinen löchrigen Piaster mehr von ihm annehmen.«
»Das ist vielleicht eine Massenpsychose, Joram.«
»In Regierungskreisen wird jetzt Schubinski regelrecht verteufelt. ›So etwas von einer untauglichen Betriebsführung hat es noch nie gegeben‹, sagte Schultheiß erst heute beim zweiten Frühstück, ›wenn einmal der ganze Umfang seiner finsteren Geschäfte ans Tageslicht gezerrt wird, kann es ihm noch passieren, daß er im Gefängnis landet‹. Alle sind so furchtbar böse auf Schubinski...«
»Laß sie schimpfen Joram, sie tun es ja nur, weil sie ein schlechtes Gewissen haben. Du aber hast eine reine Weste.«
»Ich weiß, Sarah. Drum kann ich ja nicht schlafen. Ich bin schön hereingelegt worden. Was soll ich nur tun?«
»Streiken, Joram, streiken.«

Kleingedrucktes

Vorigen Mittwoch wurde ich durch heftiges Klopfen an meiner Wohnungstür geweckt, das von noch heftigeren Fußtritten begleitet war. Von Neugier gepackt öffnete ich die Tür und fand ein bebrilltes Individuum, in dessen Windschatten zwei kräftige Möbelpacker herumlungerten.
»Guten Morgen«, sagte der Bebrillte, »wir kommen von der Immobilien-Bank, um Ihr Mobiliar wegzuschaffen.«
Ich fragte naturgemäß warum, worauf der Bebrillte mir ein Dutzend bedruckter Blätter unter die Nase hielt und mich fragte, ob die Unterschrift auf der gestrichelten Linie die meine wäre?
Ich erkannte sofort die Formulare, die ich vor zwei Monaten als Bürge für meinen Nachbarn Felix Selig unterschrieben hatte, weil er einen Kredit aufnehmen wollte. Leugnen half nichts, ich gestand.
»Na also«, verkündete der Bebrillte. »Hier auf Seite 9, unter der Klausel B 5, Ziffer 138 steht, ich zitiere: ›Ich, der Unterzeichnete, im folgenden Bürge genannt, verpflichte mich, meinen gesamten Hausrat

der Immobilien-Bank zu überlassen, wann immer die Direktion der obenerwähnten Bank den geeigneten Zeitpunkt dafür bestimmt.«

Mir brach der kalte Schweiß aus. Ich versuchte, die Vorgänge zu rekonstruieren. Ja, ich war zu irgendeinem Beamten in Felix Seligs Hausbank gegangen, um ihm zu sagen, daß es mein Wunsch wäre – Wunsch? – für Seligs Kredit zu bürgen, worauf der Beamte etwa ein Kilogramm eng bedruckter Formulare auf den Tisch legte und befahl: »Unterschreiben Sie hier bitte... und hier... und jetzt da... und da und dankeschön.«

Ob ich den Text gelesen habe?

Haben Sie, verehrte Leser, schon jemals an einem Bankschalter »Krieg und Frieden« gelesen?

»Also tun Sie Ihre Pflicht«, sagte ich dem Bebrillten mit belegter Stimme. Die beiden Gewalttäter stürzten sich auf meine Möbel und wenige Minuten später war meine Wohnung völlig leer. Sie waren gerade dabei, meinen allerletzten Lehnstuhl hinauszutragen, als ein hakennasiger Mensch mit einem Polizisten im Schlepptau des Weges kam.

»Ist das Ihre Unterschrift?« fragte mich der Ordnungshüter, während er auf ein seriös wirkendes Papier hinwies, das ich nach einer Überquerung des Rothschild-Boulevards bei Rotlicht unterschrieben hatte.

Ich identifizierte meine Unterschrift.

»Dann muß ich Sie bitten, mich zum Gerichtshof zu begleiten«, sagte der Polizist, »damit Ihr Todesurteil verkündet werden kann.«

Ich blickte noch einmal auf das Papier. Er hatte vollkommen recht. Auf dem Rothschild-Zettel stand:
»Der Angeklagte gesteht, in Tiberias einen Doppelmord begangen zu haben und wünscht gehängt zu werden.«
Natürlich hatte ich widerspruchslos auf der punktierten Linie unterschrieben.
»Wohlan denn«, flüsterte ich, »ich bin bereit.«
»Einen Moment noch«, sagte die Hakennase, »ich komme in Sachen Herz und Nieren«, und zeigte mir meine Unterschrift auf meiner Lebensversicherungspolice, Seite 12, Absatz 2 §65/d: »Der Versicherte ist verpflichtet, sowohl sein Herz als auch seine Nieren für jeden beliebigen Zweck zu spenden, den die Versicherungsgesellschaft bestimmt.«
Ich sagte: »Gut, meine Herren, laßt uns gehen, möge ich in Frieden ruhen.«
Das ist alles.
Mein Begräbnis ist morgen mittag.

Ehrlich, aber nicht offen

Jossele saß, wie üblich, im Kaffeehaus. Ihm gegenüber kauerte unser alter Freund Stockler, Besitzer eines gutgehenden Parfümerieladens und eines weithin sichtbaren Nervenzusammenbruchs.
»Jedes Jahr dasselbe«, stöhnte er. »Im Juli werde ich zum Wrack.«
Jossele nickte verständnisvoll:
»Ich weiß. Die Einkommensteuererklärung. Schwindeln Sie, Herr Stockler?«
»Leider nicht. Ich muß gestehen, daß ich ein erbärmlicher Feigling bin. Und was mich am meisten deprimiert: es hilft mir nichts. Meine Bücher sind korrekt geführt, jeder einzelne Posten ist nachprüfbar richtig – und jedes Jahr werden meine Aufstellungen zurückgewiesen, weil sie angeblich falsch, unvollständig und frisiert sind. Was soll ich machen?«
Jossele schüttelte ungläubig den Kopf, und seine Stimme klang vorwurfsvoll:
»Sagen Sie, Herr Stockler: sind Sie ein kleines Kind? Oder sind Sie vom Mond heruntergefallen? Sie nehmen Ihre Bücher, legen sie dem Steuerprüfer vor –

und erwarten allen Ernstes, daß er Ihnen glaubt? Sie tun mir wirklich leid.«

Stockler schluchzte leise vor sich hin. Seine Tränen rührten nach einer Weile Josseles Herz:

»Haben Sie Bettücher zu Hause, Herr Stockler? Gut. Und jetzt hören Sie zu...«

Nicht lange danach, an einem regnerischen Vormittag, begab sich Stockler auf sein zuständiges Finanzamt, betrat das Zimmer seines zuständigen Steuerreferenten, nahm auf dessen Aufforderung ihm gegenüber Platz und senkte den Kopf.

»Herr Referent«, sagte er, »ich muß Ihnen ein Geständnis machen. Ich habe im abgelaufenen Steuerjahr keine Bücher geführt.«

»Stehlen Sie mir nicht meine Zeit mit dummen Witzen«, erwiderte der Beamte säuerlich. »Was wünschen Sie?«

»Es sind keine Witze. Es ist die Wahrheit. Ich habe keine Bücher geführt.«

»Einen Augenblick. Sie wollen doch nicht sagen, daß Sie keine Bücher geführt haben?«

»Doch. Genau das will ich sagen. Das heißt: ich habe sie geführt, aber ich habe sie nicht.«

Jetzt war es mit der Selbstbeherrschung des Beamten zu Ende. Sein bisher ruhiger Baß überschlug sich zu jähem Falsett:

»Was heißt das: ich habe sie – ich habe sie nicht? Wieso haben Sie sie nicht?!«

»Ich habe sie verloren.«

»Verloren?! Wieso? Wie? Wann? Wo?«

»Ja, wenn ich das wüßte. Eines Tages konnte ich sie

nicht mehr finden. Sie waren weg. Vielleicht verbrannt, ohne daß ich es bemerkt hatte. Oder gestohlen. Jedenfalls sind sie verschwunden. Es tut mir leid, aber so ist es. Vielleicht könnte ich mein Einkommen ausnahmsweise aus dem Gedächtnis angeben, das wäre am einfachsten. Es war ohnehin ein sehr schwaches Jahr. Ich habe praktisch so gut wie nichts verdient... Warten Sie...«
Der Steuerbeamte klappte ein paarmal den Mund auf und zu. Ein unartikuliertes Krächzen entrang sich seiner Kehle und ging erst nach mehreren Versuchen in verständliche Worte über:
»Entfernen Sie sich, Herr Stockler. Sie hören noch von uns...«
Die Leute von der Steuerfahndung erschienen am frühen Morgen, wiesen einen Hausdurchsuchungsbefehl vor, verteilten sich auf die einzelnen Zimmer und begannen ihr Werk. Nach ungefähr einer Stunde drang aus dem Schlafzimmer ein heiserer Jubelschrei:
»Da sind sie!«
Einer der Fahnder, ein Dünner mit randloser Brille, stand vor dem Wäscheschrank und hielt triumphierend drei umfangreiche Faszikel hoch...

Die Verhandlung näherte sich dem Ende. Mit ungewöhnlich scharfen Worten resümierte der Anwalt der Steuerbehörde:
»Hier, hohes Gericht, liegen die versteckten Bilanzen des Parfümeurs Stockler. Herr Stockler hatte sich Hoffnungen gemacht, daß wir eine ›aus dem Ge-

dächtnis‹ abgegebene Steuererklärung akzeptieren und keine Nachschau nach seinen Büchern halten würden. Er war im Irrtum. Hohes Gericht, die Steuerbehörde verlangt, daß das Einkommen des Beklagten auf Grund der von uns aufgefundenen Bücher bewertet wird. Aus ihnen, und nur aus ihnen, geht sein wahres Einkommen hervor...« Auf der Anklagebank saß ein bleicher, glücklicher Stockler und murmelte ein übers andere Mal vor sich hin: »Sie glauben mir... endlich glauben sie mir...« Dankbar umarmte er Jossele auf der Kaffeehausterrasse: »Und nächstes Jahr fatiere ich nur noch mein halbes Einkommen. Ich habe auch schon ein herrliches Versteck. Unter der Matratze...«

Die Jagd nach dem Yen

Als ich vor ein paar Tagen beim Frühstück saß, und zwar dort, wo ich am liebsten sitze, nämlich im Schoß der Familie, fiel mein Blick plötzlich auf den Blick der besten Ehefrau von allen. Sie ließ ihn durch mich hindurch und über mindestens zwei Wände unseres Frühstückszimmers schweifen, dann zur Decke hinauf und wieder zurück, ohne mich nochmals einzubeziehen. Ich kenne diesen Blick. Er bedeutet, daß jeder Mensch weiß, was er zu tun hat, nur ich sitze da wie eine Schießbudenfigur und rühre mich nicht.
Jetzt traf mich ein zweiter Blick. Er war das ziemlich genaue Gegenteil eines wohlgefälligen.
»Jeder Mensch weiß, was er zu tun hat, Ephraim«, sagte die beste Ehefrau von allen. »Nur du sitzt da wie eine Schießbudenfigur und rührst dich nicht. Liest du keine Zeitungen?«
»Doch, doch«, beeilte ich mich zu erwidern. »Sogar gründlich. Auch von der Währungskrise habe ich gelesen. Was soll ich tun, Liebling?«
»Du sollst Yen kaufen.«

Merkwürdigerweise war ich schon selbst auf diesen Gedanken verfallen, als das Fernsehen die melancholischen Aufnahmen der geschlossenen Börse von Tokio gezeigt hatte. Der Gedanke beschäftigte mich seither so intensiv, daß ich einen leichten Anfall von Gelbsucht bekam. Gewiß, ich habe einen guten Posten bei einer guten Zeitung, und der Geschäftsführer hat mir schon mehrmals mündlich eine Steigerung meines Gehalts um monatlich 18.50 Shekel in Aussicht gestellt, wirksam ab 1. Dezember des kommenden Jahres nach Abzug aller Steuern. Andererseits könnte ich bei sofortigem Ankauf von 100 Yen die gleiche Summe innerhalb eines Tages verdienen. Die einzige Schwierigkeit liegt darin, daß ich über kein flüssiges Kapital verfüge.
Mit behutsamen Worten deutete ich der besten Ehefrau von allen den Sachverhalt an.
»Du brauchst kein Bargeld«, wies sie mich zurecht. »Du brauchst nur einen Agenten anzurufen und ihm zu sagen: Wertheimer, kaufen Sie für mich 100 Yen.«
»Zu welchem Kurs?«
»Frag nicht so blöd. Zum heutigen Tageskurs natürlich.«
Eine neue Schwierigkeit. Niemand im ganzen Lande weiß, wie der Yen heute steht oder wie er überhaupt aussieht. Der einzige Wertheimer, den ich im Telefonbuch fand, war eine Wäscherei und wußte es auch nicht.
Ich ging zu meiner Bank.
»Guten Morgen«, sagte ich dem Kassier. »Ich möchte Yen kaufen. Viele Yen.«

»Sie fahren nach Japan?«
»Nein. Ich spekuliere.«
Das ist vollkommen legal. Man spekuliert, indem man zu einem auf den mittleren Dollarstandard abgestimmten Kurs eine bestimmte Summe Yen kauft, verkauft sie zu einem etwas höheren Kurs und ist ein gemachter Mann.
Leider bekundete die Bank einen beklagenswerten Mangel an Spekulationsgeist.
»Wir führen keine Yen«, erklärte mir der Direktor. »In unserer Zentrale haben wir ein Musterexemplar unter Glas. Wenn Sie wünschen, kann ich mich danach erkundigen. Vielleicht kommen Sie morgen wieder.«
Morgen? Morgen hat der Yen einen neuen Kurs, und was wird dann aus mir? Um ein Beispiel zu nehmen: vorige Woche löste sich die norwegische Krone aus dem europäischen Währungsverbund und schoß in die Höhe. Wieso? Was sucht Norwegen – ein Land, das den Krieg gar nicht verloren hat – unter den reichen Nationen der Welt?
Da ich keine Erklärung fand, rief ich den Gouverneur der Nationalbank an:
»Hören Sie, Gouv. Ich will Yen kaufen. Alle Leute werden ununterbrochen reich, nur ich schaue durch die Finger.«
»Kaufen Sie Staatsanleihen«, sagte der Gouverneur. »Eine sehr gute Kapitalsanlage.«
»Mir geht es um eine Anlage meines Kapitals in Yen.«
»Rufen Sie mich morgen an.«

Schon wieder morgen. Die Zeitungen sind voll mit Nachrichten über die Bewegungen auf dem Geldmarkt, selbst der Finanzminister spricht von den zu erwartenden Vorteilen für unseren Außenhandel, falls das Israelische Pfund wieder abgewertet wird, aber es wird nicht abgewertet – und ich soll bis morgen warten? Die Lage wurde undurchsichtig.
Als ich nach Hause kam, hielt mir meine Frau das Abendblatt unter die Nase:
»Hier. In Frankfurt steht der Dollar auf 292.178031 für eine Unze Gold. Möchtest du mir vielleicht sagen, was eine Unze wert ist?«
»Ungefähr ein halbes Pfund«, sagte ich. »Sterling.«
Die vielen Ziffern hinter dem Punkt hatten mich verwirrt. Und die Wäscherei Wertheimer konnte mir noch immer nicht helfen.
Es war zum Verzweifeln.
In der Nacht träumte ich, daß ich ganz allein die Inflation bekämpfen mußte. »Komm her!« brüllte ich. »Komm her, und ich geb dir einen Tritt, daß du bis in die Mitte der nächsten Woche fliegst!«
Die beste Frau von allen rüttelte mich wach:
»Aufstehen, Ephraim. Die Seeligs sind gerade nach Hause gekommen. Mit einem Koffer. Du kannst dir denken, was in dem Koffer drin war.«
»Was?«
»Yen.«
Sie hatte es aus bester Quelle: die Regierung wußte vor Yen nicht ein noch aus und verkaufte sie auf dem schwarzen Markt, um den Schwarzhandel auszuschalten.

»Mach schon, Ephraim. Rühr dich. Bevor du dich in Bewegung setzt, gibt's weit und breit keinen Yen mehr.«
Prompt setzte ich mich in Bewegung. Richtung Schwarzmarkt.
An einer der vielen Marktlücken fiel mir ein finsterer Geselle auf, dem ich mich unverzüglich näherte. Hinter vorgehaltener Hand erkundigte ich mich nach einer Möglichkeit, Yen zu erwerben.
»Im dritten Haustor links von hier steht ein Blatternarbiger«, lautete die entgegenkommende Auskunft. »Geh zu ihm hin und sag: Jankel schickt mich.«
Ich tat, wie mir geheißen, und beauftragte den Blatternarbigen hinter vorgehaltener Brieftasche, mir jede erreichbare Menge Yen zu verschaffen. In kleinen Noten. Er verschwand hinter einer angelehnten Wohnungstür und begann mit einer dicken Frau auf jiddisch zu verhandeln. Daß es eine dicke Frau war, merkte ich, als sie herausgestürzt kam und mich anschrie, ich sollte gefälligst Schweizer Franken kaufen wie jeder anständige Mensch, oder sie ruft die Polizei...
Als ich in einer Nebengasse meine Flucht beendete, war der Yen schon wieder gestiegen und unser Export nach Europa gesunken. Daraufhin betrat ich ein nahegelegenes Warenhaus und kaufte 107 tragbare Transistorgeräte made in Japan, deren Preis sich nur um 22% erhöht hatte.
Jetzt sind alle Räumlichkeiten unseres Hauses dicht mit Rundfunkverlautbarungen gefüllt. Das hat et-

was enorm Beruhigendes an sich. Unser eigenes Haushaltbudget beruht auf der japanischen Transistorwährung, die allen Stürmen trotzt.

Gestern habe ich die Rechnung unseres Milchlieferanten mit einem solchen Gerät beglichen. Als Wechselgeld bekam ich eine Taschenlampe zurück. Made in Japan.

Der Kampf um den Lebensstandard

Wenn ich nicht irre, begann der Kampf um den Lebensstandard zwischen den Behörden und dem Mann auf der Straße bereits am Tag der Staatsgründung. Diejenigen, die dem historischen Ereignis beiwohnen durften, werden sich vielleicht erinnern, daß während der feierlichen Proklamation unserer staatlichen Unabhängigkeit ein führender Politiker den Saal verließ und erst nach einigen Minuten zurückkehrte. Heute kann enthüllt werden, was er draußen getan hat: Er erkundigte sich telefonisch nach den Preisen der neuesten amerikanischen Automodelle für Mitglieder der provisorischen Regierung. Kurz darauf wurde einstimmig beschlossen, die Angehörigen des Konstitutionsrates von den Postgebühren zu befreien.
Die neuen Staatsführer richteten unverzüglich einen bewegten Appell an die Bevölkerung, den Lebensstandard zu senken:
»Die jetzt bevorstehende Masseneinwanderung«, führte der Minister für Volksernährung aus, »wird von uns allen große Opfer fordern. Wir müssen das

wenige, das wir haben, möglichst gerecht unter die Schwarzhändler verteilen...«

Wie sich zeigte, war die Bevölkerung keineswegs auf eine Minderung ihres Wohlergehens erpicht, sondern im Gegenteil auf dessen Steigerung. Und die neu einwandernden Bürger fanden sich in der Atmosphäre des Mittelmeeres erstaunlich schnell zurecht. Sie schmuggelten Waren durch die Schluchten des Libanon und durch den Zoll, entwickelten blühende industrielle Beziehungen zu Verwandten in New York, übersäten das Land mit Realitätenbüros und vermieteten nichtexistente Wohnungen.

Die Knesset, unser neugewähltes Parlament, berief eine dringende Sitzung ein, erhöhte die Repräsentationsspesen für die Abgeordneten und entschloß sich zu einer strengen Warnung an die Öffentlichkeit:

»Wenn der Lebensstandard weiterhin in diesem Maß ansteigt, droht unserem jungen Staatswesen der Bankrott. Wir dürfen unsere eigene Zukunft, wir dürfen die Zukunft unserer Kinder nicht konsumieren!«

Kaum hatten die Leute etwas von »konsumieren« gehört, eilten sie in die Restaurants, bestellten Doppelportionen Gefilte Fisch, kauften Möbel und Schallplattenspieler und elektrische Rasierapparate und was es sonst noch zu kaufen gab. Die Kabinettsmitglieder gerieten in Rage, riefen nach ihren Fahrern, begaben sich nach Hause und formulierten auf den Dachgärten ihrer Villen einen neuerlichen, zornbebenden Appell:

»Es ist nicht genug von allem da!« schleuderten sie

149

der Bevölkerung ins Gesicht. »Versteht ihr denn nicht? Es ist nicht genug da!«
»Was?« fragte Weinreb. »Wovon ist nicht genug da?«
»Wir haben keine Bodenschätze, wir haben keine Industrie, wir haben keinen Export, wir haben keine wie immer geartete Basis für einen hohen Lebensstandard!«
»Das ist nicht mein Problem«, lautete Weinrebs Antwort. »Ich brauche einen Kühlschrank.«
Und er kaufte einen großen Kühlschrank mit automatischem Entfroster, eine zusammenklappbare Couch mit belgischen Gummimatratzen und eine Nähmaschine, die man auch als Aquarium verwenden konnte.
Die Regierung merkte, daß eine Politik der starken Hand not tat, bewilligte den Abgeordneten höhere Diäten und wandte sich nochmals gebieterisch an die konsumgierige Plebs:
»Herunter mit dem Lebensstandard! Sofort herunter damit!«
»Selber herunter«, sagte Weinreb. »Ich will ein Auto haben.«
Was blieb der Legislative übrig, als nicht nur die Einfuhrzölle für Personenkraftwagen, sondern auch die Einkommensteuer auf das Doppelte zu erhöhen, um solcherart wenigstens die Hälfte des in Umlauf gesetzten Nationalvermögens an sich zu reißen.
Daraufhin begannen die starrköpfigen Juden doppelt soviel zu arbeiten wie bisher, und alles blieb beim alten.
Als die aufs Doppelte erhöhten Steuern nochmals

verdoppelt wurden, arbeiteten die Juden viermal soviel, und als die Zollgebühren für importierte Wagen auf 560 Prozent im Schatten anstiegen, kaufte Weinreb noch einen Zweitwagen für seine Frau, weil das eine gute Investition war.

Die Regierung mußte zu neuen Gegenmaßnahmen greifen. Es galt, den Gürtel enger zu schnallen. Mahlzeiten in Luxusrestaurants durften hinfort nur von aktiven Parlamentsmitgliedern auf Spesenkonto abgesetzt werden. Gegen die Normalbürger wurde mit neuen Steuern vorgegangen, mit neuen Einfuhrzöllen, Zwangsanleihen, Zusatzgebühren, Schlangen und Skorpionen.

Um diese Zeit arbeiteten die Juden bereits in drei Nachtschichten, nahmen Nebenbeschäftigungen an, fungierten als Babysitter und Zeugen vor dem Rabbinat, entfernten die Schutzmarken von den Halsbändern aller erreichbaren Hunde und spielten Poker mit Anfängern. Auf diese Weise gelang es ihnen, ihr Budget auszugleichen, Wohnungen zu erwerben und Gruppenflüge nach Hongkong zu veranstalten, wo sie billige Kameras einkauften.

Die Regierung antwortete mit einer radikalen Erhöhung der Gebühren für Auslandsreisen und setzte eine Kommission ein, die das Phänomen des ständigen Steigens eines sinkenden Lebensstandards untersuchen sollte.

Nach wochenlangen Sitzungen am Swimming-pool des Sharon-Hotels legte die Kommission das Ergebnis ihrer Untersuchung vor. Es analysierte den Ausgaben-Etat des Durchschnittsbürgers Weinreb, dessen deklariertes Monatseinkommen 1590 Shekel brutto oder 610 Shekel netto betrug und sich auf folgende Posten verteilte:

Hypothek	560
Kanalisation	80
Pkw	140
Devisenankauf	1050
Haushaltshilfe	400
Versicherung	92
Bücher, Theater, Museen	3
Steaks	510
Kleidung	100
Urlaub	350
Verschiedenes	<u>2010</u>
Summe	610

Gleichzeitig mit dem Bericht gab die Kommission ihren Rücktritt bekannt, worauf die Regierung unverzüglich zuschlug. Die Einkommensteuer wurde um 65 Prozent erhöht, die Einfuhrzölle um 92 Prozent, die Postgebühren um 108 Prozent.

Jetzt gewöhnten sich die Juden das Schlafen ab, arbeiteten in fünf Nachtschichten, stahlen Milchflaschen am Morgen und elektrische Birnen aus den Toilettenräumen der öffentlichen Ämter, ihre Frauen verschafften sich einen kleinen Nebenverdienst, indem sie an Stelle verschämter Bräute ins rituelle Bad stiegen, aber der Lebensstandard senkte sich um keinen Millimeter.

Führende Persönlichkeiten aus Politik und Wirtschaft erhoben warnend die Stimme:

»Unsere Produktionsrate ist nur um 0,3 Prozent gestiegen. Unsere internationale Verschuldung beläuft sich auf mehr als 5 Milliarden Dollar. Bürger, ihr spielt mit dem Feuer!«
Im Gegenzug ließ sich Weinreb einen Kamin in sein Empfangszimmer einbauen und tauschte seinen Wagen gegen ein neues Modell um. Die Regierung, nicht faul, bewilligte den Parlamentariern eine noch nicht dagewesene Gehaltserhöhung und traf eine Reihe von Maßnahmen zur Senkung des Lebensstandards, darunter eine 102prozentige Einkommensteuer unverheirateter Väter mit zwei Kindern. Tatsächlich kam es zu einer vorübergehenden Standard-Stabilisierung, aber nach einigen Tagen wurden neue Steigerungen registriert, die sich besonders in der Lederwarenbranche und im Einkauf importierter Delikatessen geltend machten.
»Warum?« schluchzte die Regierung. »Warum senkt ihr nicht... den Lebensstandard... warum?«
Weinreb zog die Regierung beiseite und flüsterte ihr ins Ohr, so daß es kein Unbefugter hören konnte:
»Wir schätzen einen hohen Lebensstandard genauso wie ihr.«
»Wirklich?«
»Ja.«
»Ach so«, machte die Regierung. »Warum haben Sie das nicht gleich gesagt?«
Und das war die Einleitung zur Debatte über die Inflation.

Eine historische Begegnung

Unlängst hatte ich in Haifa zu tun und machte auf der Rückfahrt in einem Einkehrgasthaus halt, um einen kleinen Imbiß zu nehmen. Am Nebentisch sah ich einen älteren Juden in kurzen Khakihosen sitzen. Ein nicht alltäglicher, aber noch kein besonders aufregender Anblick.
Erst der buschige graue Vollbart machte mich stutzig. Überhaupt kam mir die ganze Erscheinung sonderbar bekannt vor. Immer sonderbarer und immer bekannter. Wäre es möglich...?
»Entschuldigen Sie.« Ich trat an seinen Tisch. »Sind wir einander nicht irgendwo begegnet?«
»Kann sein«, antwortete der ältere Jude in den kurzen Khakihosen. »Wahrscheinlich bei irgendeinem ideologischen Seminar. Da stößt man manchmal auf mich. Mein Name ist Marx. Karl Marx.«
»Doch nicht... also doch! Der Vater des Marxismus?«
Das Gesicht des Alten leuchtete auf:
»Sie kennen mich?« fragte er errötend. »Ich dachte schon, daß mich alle vergessen hätten.«

»Vergessen? Aber keine Spur! Proletarier aller Länder, vereinigt euch!«
»Wie bitte?«
»Ich meine – wissen Sie nicht – Proletarier aller Länder –«
»Ach ja, richtig. Irgend so etwas habe ich einmal... ja, ich erinnere mich. Kam damals bei den Massen ganz gut an. Aber das ist schon lange her. Nehmen Sie Platz.«
Ich setzte mich zu Karl Marx. Vor Jahren, drüben in der alten Heimat, hatte ich ihn studiert. Besonders gut wußte ich über den »Zyklen-Charakter ökonomischer Krisen« und über das »Ende des Monopolkapitalismus« Bescheid. Es war ein unverhofftes Erlebnis, dem Schöpfer dieser großartigen Theorien jetzt persönlich zu begegnen. Er sah zerknittert und verfallen aus, viel älter, als es seinen 130 Jahren entsprochen hätte. Ich wollte etwas zur Hebung seiner Laune tun.
»Vorige Woche war in der Wochenschau Ihr Bild zu sehen«, sagte ich.
»Ja, man hat mir davon erzählt. In China, nicht wahr?«
»Beim Maiaufmarsch in Peking. Mindestens eine halbe Million Menschen. Sie trugen große Bilder von Ihnen und Mao Tse-tung.«
»Mao ist ein netter Junge«, nickte mein Gegenüber. »Vor ein paar Wochen hat er mir sein Photo geschickt.« Behutsam holte der Patriarch ein Photo im Postkartenformat hervor. Es zeigte Maos Kopf und eine handschriftliche Widmung: »Lekowed mein

groissen Rebbe, Chawer Karl Marx, mit groisser Achting – Mao.«

»Schade, daß ich nicht chinesisch verstehe«, sagte Marx, während er das Bild wieder in die Tasche steckte. »Mit den Chinesen ist alles in Ordnung. Aber die anderen....«

»Sie meinen die Russen?«

»Bitte den Namen dieser Leute in meiner Gegenwart nicht zu erwähnen! Sie sind meine bitterste Enttäuschung, ›Pioniere der Weltrevolution‹ – daß ich nicht lache! Über kurz oder lang wird man sie von den Amerikanern nicht mehr unterscheiden können.«

»Meister«, wagte ich zu widersprechen. »Sie haben doch selbst in Ihrem ›Kommunistischen Manifest‹ das Verschwinden aller nationalen Gegensätze als eines der Endziele der gesellschaftlichen Entwicklung bezeichnet.«

»Ich? Das hätte ich gesagt?«

»Jawohl, Sie. Ganz deutlich. Das Endziel der gesellschaftlichen Entwicklung ist –«

»Eben. Das Endziel. Aber die Entwicklung steht ja erst am Anfang. Zuerst muß man die Kapitalisten mit allen Mitteln bekämpfen und vernichten.«

»Und was ist mit der friedlichen Koexistenz?«

»Gibt's nicht. Von friedlicher Koexistenz habe ich niemals gesprochen, das weiß ich zufällig ganz genau. Muß eine Erfindung der Kreml-Banditen sein. Die wollen den Kapitalismus dadurch überwinden, daß sie mehr Fernsehapparate erzeugen. Mao hat ganz recht. In Moskau weiß man nicht mehr, was Marxismus ist.«

»Und das Moskauer Marx-Lenin-Institut?«
»Ein Schwindel. Dort lesen sie Gedichte über die Schönheit von Mütterchen Rußland. Als ein Student einmal fragte, wie der Sturz des kapitalistischen Systems schließlich zustande kommen würde, antwortete ihm der Instruktor: durch die Einkommenssteuer!«
»Vielleicht ist das gar nicht so falsch.«
»Und der Klassenkampf? Und die Diktatur des Proletariats? Warum ist man von alledem abgekommen? Es ist eine Schande.«
»Trotzdem wurden einige Ihrer Ideen verwirklicht«, versuchte ich den alten Herrn zu trösten. »Die Menschheit macht Fortschritte.«
»Darauf kommt es nicht an! Das ist purer Revisionismus! Nur die Chinesen wissen, um was es geht. Die werden der Welt den Kommunismus schon beibringen. Die werden Proletarier aus euch machen, daß euch eure eigenen Mütter nicht mehr erkennen.«
»Das wird noch einige Zeit dauern.«
»Die haben Zeit genug. Zeit und eine Milliarde Menschen. Eine Milliarde Marxisten. Eine Milliarde Beweise für meine im ›Dialektischen Materialismus‹ aufgestellte These, daß der Umschlag der Quantität in Qualität... einerseits durch den ideologischen Überbau... andererseits durch den ökonomischen Unterbau... regulative Funktion... offen gestanden: mir ist niemals klargeworden, was ich da sagen wollte. Aber die Chinesen haben die Atombombe. Das ist die Hauptsache, oder?«

Er erhob sich ein wenig mühsam und wandte sich zum Gehen:
»Ich muß zu meinem Kibbuz zurück. Man hat mir dort eine leichte Arbeit in der Hühnerfarm zugewiesen. Sie benehmen sich überhaupt ganz anständig. Ja, ja. Das ist alles, was von mir übriggeblieben ist: die Chinesen und der Kibbuz. Gut Schabbes!«

Opfer der Inflation

»Also, Sie wollen mit Ihrem Unternehmen Konkurs anmelden, ist das richtig?«
»Ja, Herr Konkursverwalter, wir haben keine andere Wahl.«
»Was für ein Unternehmen war das, sagten Sie?«
»Falschgeld.«
»Israelisches Geld, nehme ich an.«
»Ja. Wir waren spezialisiert auf die schöne Hundertshekelnote mit dem Kopf unseres Staatsgründers Theodor Herzl darauf.«
»Warum haben Sie nicht klein angefangen?«
»Haben wir ja. Zuerst stellten wir kleinere Noten her. Aber es hat sich nicht mehr gelohnt.«
»Inflation, was?«
»Natürlich. Es trifft eben immer zuerst den kleinen Fälscher von der Straße. Wissen Sie, wir haben grundsolide angefangen – sozusagen in Heimarbeit. Ein kleiner Keller, eine einfache Druckerpresse, nichts Großes, nichts Luxuriöses. Meine Frau half hin und wieder aus beim Farbenmischen und anderem. Damals, was glauben Sie, da habe ich

noch leicht meine tausend Shekel am Tag gemacht.«
»Nicht übel.«
»Danke. Leider hat man mir letztes Jahr eingeredet, ich müßte unbedingt den Betrieb umstellen auf Fotodruck mit einer riesigen Offsetmaschine, um meine Produktion erhöhen zu können. Ich bestellte also eine moderne Druckereianlage aus den USA, die mich glatte 150 000 Dollar gekostet hat.«
»Und dann kam die Geldentwertung, stimmt's?«
»Genau! Meine Frau und ich, wir haben Tag und Nacht geschuftet, wir haben Überstunden gemacht, um den Wertausgleich für den sinkenden Shekel zu schaffen. Bis es nicht mehr anders ging und ich gezwungen war, mir Leute vom Arbeitsamt zu holen und denen auch noch blödsinnige Löhne zu zahlen.«
»Was bekommt denn so einer heutzutage?«
»Ein erstklassiger Fälscher bringt seine 6000 Shekel jeden Monat nach Hause, drunter ist heute nichts mehr zu machen. Noch dazu weigern sich die meisten, in betriebseigener Ware bezahlt zu werden. Und dann dürfen Sie nicht vergessen, daß man unterdessen wieder einmal die Beiträge für die Sozialversicherung erhöht hat, für die Altersversorgung, die Krankenversicherung und alle anderen Sozialbeiträge. Da kommt unsereins nicht mehr mit.«
»Haben Sie es einmal mit Akkordlohn probiert? Lohn entsprechend der Leistung?«
»Selbstverständlich. Ich habe meinen Leuten 700 von jeden 2000 Shekel angeboten, die sie herstellen.

Was haben sie getan? Sie haben es glatt abgelehnt. Nicht nur das, im letzten Jahr haben sie durch den Betriebsrat dreimal Sanktionen gegen mich eingeleitet.«

»Was soll das heißen?«

»Das soll heißen, daß sie die Geldscheine nur auf der einen Seite bedruckt haben. Ich mußte einen Bankkredit aufnehmen, um die Forderungen erfüllen zu können. Auf den Kredit konnte ich dann 28 Prozent Zinsen zahlen. Stellen Sie sich meine Situation vor, Herr Konkursverwalter: ein Geldfälscher mit ständigen Liquiditätsproblemen.«

»Haben Sie sich denn nicht an die Behörden gewandt?«

»Natürlich. Ich habe zum Beispiel einen Exportkredit beantragt, aber das hat man immer wieder hinausgezögert. Es hieß, unser Shekel habe draußen im Ausland keine Marktchance. Leute vom Schatzamt gaben mir den Rat, ich sollte umsteigen auf Schweizer Franken. Das zeigt wieder einmal, was die schon von Geld verstehen. Immerhin sind die Geldscheine in der Schweiz doppelt so groß wie unsere Herzls. Darum habe ich zu denen gesagt, alles schön und gut, habe ich gesagt, aber wer zahlt für das Papier? Im Jahre 1966 kostete eine Rolle Papier 430 Shekel, und heute kommt sie auf 52 100 Shekel. Im Großhandel. Vor kurzem hat man auch noch die Zollgebühren verdoppelt und die Luxussteuer für Farben. Nun frage ich Sie, wie finden Sie das?«

»Wie wäre es mit Subventionen? Haben Sie deswegen bei den Behörden einmal vorgefühlt?«

»Sie belieben zu scherzen. Die Gelddrucker der Regierung bekommen rund zweimal wöchentlich staatliche Unterstützungen, aber wir von den Privatunternehmen – nichts, keinen roten Heller! Ich habe zu denen gesagt: Hört mal, habe ich gesagt, das könnt ihr mit mir nicht machen, ich sorge für den Unterhalt von zwölf Familien und schaffe es kaum, genügend Geld zu fälschen, um die Strafe zu zahlen, die ihr mir aufgebrummt habt.«

»Moment. Was für eine Strafe?«

»Wegen nicht gemeldetem Warenbestand. Eines schönen Tages sind die bei mir reingeplatzt und haben einen Bericht abgeschickt, daß ich 600 Herzls gebündelt und zur Auslieferung bereit am Lager gehabt hätte. Was blieb mir übrig. Ich habe mir sofort einen Anwalt genommen, und das allein hat mich schon den halben Lagerbestand gekostet. Kaum war das erledigt, da kamen diese neuen Druckmaschinen aus Amerika an, und jeder Tag im Hafen kostete mich den Produktionsausstoß einer ganzen Stunde. Unterdessen gingen die Stromkosten rauf, dann die Steuer, schließlich die Bankzinsen. Die Inflation hat mich erledigt, Herr Konkursverwalter. Wir sind jetzt soweit, daß wir in drei Schichten arbeiten und trotzdem nicht mehr mit den Preissteigerungen Schritt halten können...«

»Schlimm, schlimm. Unser Land braucht solchen Unternehmergeist, wie Sie ihn gezeigt haben.«

»Ich weiß. Aber gestern habe ich mich hingesetzt und ein bißchen nachgerechnet. Der Preis von einem amtlichen Herzl beträgt auf dem Schwarzmarkt augenblicklich rund 9 Dollar 55, und mich kostet die Herstellung von einem gefälschten Herzl bereits 14 Dollar 70, unversteuert. Soll ich mir die Finger blutig arbeiten, nur um tiefer und tiefer in Schulden zu geraten? Nein, Herr Konkursverwalter, hiermit erkläre ich mich für bankrott. Sollen doch die Gläubiger zu mir kommen und sich selber drucken, was ich ihnen schulde. Was meinen Lagerbestand anbetrifft, nun, da sind noch 8000 Shekel in Herzls vorhanden. Sie können von mir aus herzlich gerne die Herzls beschlagnahmen und öffentlich versteigern. Was werden Sie dafür kriegen? Vielleicht 1000 bis 1500 Shekel.«

»Wir werden die geeigneten Maßnahmen treffen. Und was, wenn ich fragen darf, werden Sie nun tun?«

»Ich spiele Lotto.«

Die Gummizulage

Jeder beliebige Berufszweig bringt seinen eigenen Ginzburg hervor. Vor einigen Jahren, zu Beginn seiner Laufbahn, war Ginzburg ein einfacher Arbeiter wie alle anderen auch, wenn wir davon absehen wollen, daß er eine etwas lautere Stimme hatte. Heute verfügt er über ein vollklimatisiertes Büro sowie eine wohltemperierte Sekretärin und verdient, ohne einen Finger krumm zu machen, dreimal soviel wie ein Arbeiter. Und wofür verdient er das Dreifache? Um Streiks zu organisieren.

Wir werden jedoch niemals erfahren, was im Kopf des Engels mit dem Flammenschwert vorging, ehe er sich entschloß, ausgerechnet bei Ginzburg leibhaftig zu erscheinen.

»Ginzburg, erhebe dich.«

»Was ist los?«

Ginzburg hatte an sich gegen Engel nichts einzuwenden. Im Gegenteil, manchmal sehnte er sich einen herbei, zum Beispiel vorgestern, bei der stundenlangen Debatte im Finanzministerium. Es ging wieder einmal um Änderungen im Tarifvertrag, und im Brennpunkt standen natürlich die Gummiprobleme, auf denen Ginzburg energisch beharren mußte. Diese branchen-spezifische Sonderzulage galt als die wesentlichste Errungenschaft der Arbeiter in der Autobus-Kooperativ-Werkstätte und stellte gewissermaßen Ginzburgs Lebenswerk dar. Es hatte einen jahrelangen Arbeitskampf mit ständigen Streikdrohungen gekostet, ehe es Ginzburg gelang, das Finanzministerium davon zu überzeugen, daß das Gummiband in den Unterhosen der von ihm betreuten Arbeitnehmer mit der Zeit an Spannung verliere. In Katastrophenfällen, so schrieb er in zahllosen Exposés, wäre es unbedingt notwendig, ein ausgedehntes Gummiband gegen ein neues auszutauschen. Demzufolge sei es unerläßlich, den verdienten Arbeitern eine Gummiabnutzungs-Sonderzulage zu gewähren.

»Genossen«, brüllte Ginzburg vorgestern bei der Urabstimmung des außerordentlichen Gewerkschaftstages, »kann man von uns verlangen, mit heruntergerutschten Unterhosen zu schuften?«
Und nun stand ein echter Engel mit einem flammenden Schwert vor ihm:
»Ginzburg«, so sprach er mit sanfter Stimme, »du mußt dich zwischen der Gummizulage und der Existenz des Staates entscheiden.«
»Nimm Platz«, antwortete Ginzburg, »warum stehst du, Genosse Engel?«
»Bedenke doch, Ginzburg: Der Teufelskreis aus Gehaltserhöhungen einerseits und steigenden Preisen andererseits droht den Staat in den Bankrott zu

führen. Eine einzige weitere Gehaltserhöhung, und die galoppierende Inflation wird euch alle in den Abgrund stoßen.«
»Wem sagst du das«, seufzte Ginzburg, »glaubst du, ich weiß das nicht?«
Er knöpfte seine Hose auf, um dem Engel zu zeigen, wie schlaff das Gummiband um seine Hüften bereits geworden war.
Der Engel sah verlegen weg:
»Du mußt dich entscheiden, Ginzburg, entweder Staat oder Gummiband.«
Der Betriebsratsvorsitzende wand sich hin und her: »Ich muß das Problem von einer höheren Warte aus betrachten. Weintraub hat seinen Leuten eine Sauerstoff-Gratifikation erkämpft.«
Für alle, die sich an die Details nicht mehr erinnern, sei hier kurz vermerkt, daß Weintraub Zentralbetriebsrat der Spitäler ist. Es war ihm seinerzeit gelungen, dem Finanzministerium eine Sonderentschädigung zu entreißen, nachdem er die Sauerstoffzufuhr für Asthmatiker in drei großen Krankenhäusern eingestellt hatte.
»Ich frage dich, Ginzburg, was dir wichtiger ist«, der Engel reckte sich auf und erhob sein flammendes Schwert, »die Gummizulage oder Israel?«
Ginzburg versank in tiefe Gedanken.
»Mir ist beides wichtig«, faßte er zusammen. »Einerseits will ich in diesem Land keine rutschenden Unterhosen tolerieren, andererseits gehen meine Forderungen betreffs ordnungsgemäß gespanntem Gummi nicht über die Landesgrenzen hinaus. Für

mich bildet die Problematik eine einzige Einheit. Ich möchte sowohl den Staat als auch die Gummisonderzulage.«

»Und wenn es darum geht, zwischen beiden zu wählen?«

»Hast du Weintraub gefragt, was *er* erzählen würde?«

Der Engel beugte sich über ihn:

»Nur grundlegendes Umdenken der öffentlich Bediensteten in bezug auf Leistung und Ertrag kann das Land in dieser schweren Stunde retten. Wie wollt ihr dem Urteil der Geschichte standhalten, wie wollt ihr unsere gespannte Lage erleichtern, wenn ihr nicht bereit seid, hin und wieder ein Opfer zu bringen?«

Die gespannte Lage zu erwähnen war ein Fehler. Ginzburg steckte sofort wieder seinen Finger unter das Gummiband.

»Ich lasse mir von niemandem erzählen, was Aufopferung bedeutet«, protestierte er. »Ich habe an drei Kriegen teilgenommen, bin zweimal verwundet und einmal ausgezeichnet worden. Wer mich kennt, weiß, daß ich bereit bin, für die Heimat mein Leben herzugeben.«

»Und der Gummi?«

»Das ist ganz etwas anderes.«

Der Engel ließ Ermüdungserscheinungen erkennen. Er steckte sein flammendes Schwert ein, setzte sich neben Ginzburg und begann auf einem Schreibblock Kalkulationen vorzunehmen:

»Hör zu, Ginzburg, deine verdammte Gummiband-

abnutzungssonderzulage beträgt 8,21 Prozent des dreijährigen Kohlendioxyd-Überschusses, mit anderen Worten, 42,35 Shekel monatlich.«
»Die Zulage beträgt 52,65 Shekel.«
»Wie dem auch sei, von dieser Summe werden dir Steuern in Höhe von 34,20 Shekel abgezogen. Rein Netto bleiben dir immerhin 18,45. Was willst du mit diesem Geld tun?«
»Ich werde mir eine Sonnenbrille kaufen.«
»Was kostet die?«
»72 Shekel.«
»Ich frage dich, Ginzburg, bist du bereit und willens, für ein Viertel Sonnenbrille dein Land zu verkaufen?«
»Weintraub hat eine neue italienische Sonnenbrille.«
Der Engel begann schwer zu atmen.
»Wenn du auf diese Zulage nicht verzichtest«, warnte er, »kann das Verkehrswesen des ganzen Landes lahmgelegt werden. Der Wirtschaftszusammenbruch wird unaufhaltsam, das Geld keinen Wert mehr haben. Was wirst du dann tun?«
»Ich werde vermutlich zwei ältere Familienangehörige entlassen, Opa und noch jemand.«
Der Engel brach in Tränen aus:
»Du willst also dein Heim, deine Familie, kurz alles, was du ein Leben lang aufgebaut hast, zerstören? Warum, Ginzburg, warum?«
Auch Ginzburg begann zu weinen.
»Was weiß ich?« heulte er. »Verstehst du denn nicht, daß ich unter Erfolgszwang stehe?«
Der Engel kniete sich vor Ginzburg nieder:

»Ich bitte dich, um Gottes willen zu überlegen, was man dereinst in den Geschichtsbüchern schreiben wird. Unser erster Tempel wurde 587 v. Chr. von den Babyloniern zerstört, der zweite Tempel im Jahre 70 n. Chr. von den Römern, und den dritten Tempel zerstörte Jossel Ginzburg heute nachmittag um vier Uhr.«
Ginzburg schwieg. Von Zeit zu Zeit steckte er einen nachdenklichen Finger in die Hose und prüfte die Spannung des Gummibandes.
Der Engel wälzte sich vor Ginzburgs Füßen im Staub:
»Rette doch den jüdischen Staat, Ginzburg. Zerstöre ihn nicht mutwillig. Verzichte endlich auf die Gummizulage.«
Ginzburg schwieg weiter. An seiner Stirn schwollen die Adern an, und seine Kinnbacken zuckten bedrohlich. Es ist nicht zu beschreiben, was der Mann in diesen Minuten durchmachte. Dann entschied er:
»Ich muß den Betriebsrat anrufen.«
Nach einigen Minuten war er wieder da und fragte kleinlaut:
»Wäre nicht ein Pauschalabkommen möglich? Ich meine, das Bestehen des Staates mit dem gestrafften Gummiband zu vereinen?«
»Nein!«
Ginzburg ging betreten von dannen und kam erst zweieinhalb Stunden später taumelnden Schrittes zurück. Seine Augen waren verweint, seine Mundwinkel zitterten:
»Es tut mir wirklich leid, aber es bleibt beim Gummi.«

Der Engel stürzte sich in sein flammendes Schwert. Der Erdboden öffnete sich und verschlang den ganzen Staat. Alles, was zurückblieb, war ein riesiger Krater, über dem sonore arabische Musik zu hören war.

Mit einem verzweifelten Schrei, mit der verkrampften Hand Weintraubs Hals umklammernd, stürzte sich Ginzburg in den Abgrund. Das neue Gummiband in seiner Unterhose hielt.

Elefantiasis als Wirtschaftsindex

Das Parlament trat zu einer außerordentlichen Sitzung zusammen. Gegenstand der hitzigen Debatte war – wie könnte es anders sein – die Frage, ob die Klagemauer »Klagemauer« heißen sollte oder »Südliche Mauer«.
»Jetzt«, bemerkte Frau Kalaniot, »wäre eine gute Zeit, Elefanten zu kaufen.«
»Warum gerade jetzt?« fragte ich.
»Weil«, anwortete Frau Kalaniot, »der Preis noch unverändert ist. Sechs Pfund das Kilo, dazu 72% Umsatzsteuer und 85% Zoll. Wenn ich Geld hätte, würde ich sofort einen Elefanten kaufen.«
Ich versuchte zu widersprechen, aber Felix Seelig fiel mir ins Wort:
»Und dann wundert man sich, warum die Nachfrage nach Elefanten den Lebenskostenindex in die Höhe treibt. Nur weil das Kilo Elefant noch immer so viel kostet wie vor der Abwertung, müssen wir über kurz oder lang für alles andere doppelt soviel bezahlen.«
Ziegler stieß ein gellendes Lachen aus:
»Elefanten kaufen! Was für ein Unsinn. Wirklich

Kinder, manchmal habe ich das Gefühl, daß ihr alle verrückt seid. Elefanten! Welcher vernünftige Mensch kauft heute irgend etwas, das nicht aus einem der Länder mit harter Währung kommt? Die Elefanten sind bekanntlich nicht mit der Dollarzone assoziiert, und deshalb besteht keine Aussicht, daß ihr Preis jemals steigen wird.«
»Und wenn er trotzdem steigt?« fragte ich. »Man muß bedenken, daß ein Elefant nur so lange eine günstige Investition darstellt, als er wenig kostet. Wenn er teurer wird, ist er wertlos, weil man ihn nicht mehr verkaufen kann, sobald keine Aussicht besteht, daß sein Preis steigen wird.«
Ich hatte das Gefühl, daß man meine lichtvollen Ausführungen nicht ganz verstand. Die Runde zerstreute sich.
Zu Hause berichtete ich meiner Frau über das Elefantenproblem.
»Kaufen wir einen«, sagte sie. »Nur um sicherzugehen.«
Ich suchte Lubliners Tierhandlung auf und verlangte einen Elefanten.
»Ausverkauft«, antwortete Lubliner ohne mit der Wimper zu zucken.
Ich ließ mich nicht so leicht abweisen und hielt unauffällig Nachschau. Richtig: In einer dunklen Ecke, hinter einem Papageienkäfig, stand ein Elefant.
»Und was ist das?« fragte ich anzüglich.
Lubliner errötete und versuchte sich darauf auszureden, daß es zu seinen Geschäftsprinzipien gehörte,

immer mindestens ein Exemplar von jeder Gattung verfügbar zu haben.

»Wenn ich heute verkaufe – wer weiß, was ich morgen für die Nachlieferung zahlen muß. Zwei Elefanten warten auf mich unter Zollverschluß, und ich kann sie nicht herausbekommen. Die Regierung verlangt einen Zollzuschlag, weil der Elefantenpreis in die Höhe gehen wird, wenn sie einen Zollzuschlag verlangt.«

Ich verließ Lubliner mit leeren Händen. Offen gestanden: es tat mir nicht besonders leid. Ich habe bisher ohne einen Elefanten gelebt und werde auch weiter ohne einen Elefanten leben können.

Und was sehe ich plötzlich in einer Seitenstraße des Rothschild-Boulevards? Wer kommt mir da entgegen? Ziegler mit einem Elefanten an der Leine. Ich trete auf ihn zu:

»Woher hast du den Elefanten?« frage ich.

»Welchen Elefanten?« fragt Ziegler.

»Den hinter dir.«

»Ach den.« Ziegler beginnt zu stottern. »Der gehört nicht mir. Mein Cousin ist auf Waffenübung und hat mich gebeten, das arme Tier spazierenzuführen.«

Das klang höchst unglaubwürdig. Seit wann führt man einen Elefanten spazieren? Ein Elefant ist ja kein Hund. Die beste Ehefrau von allen war der gleichen Ansicht, als ich ihr davon erzählte.

»Auch bei uns im Haus stimmt etwas nicht«, fügt sie hinzu. »Seit gestern höre ich aus der Wohnung der Kalaniots ein merkwürdiges Geräusch. Klingt wie Trompeten. Die haben sicherlich in der Zeitung gelesen, daß die Einfuhrgebühr für Elefanten erhöht werden soll.«

Ich nickte betreten und betrübt. Es ist nicht angenehm zu wissen, daß jedermann im Umkreis etwas unternimmt, und nur man selbst steht da und läßt sich von der Entwicklung überrennen.

In der Nacht hörten wir gedämpftes Trampeln im Treppenhaus. Wir lugten durch den Gucker: Erna Seelig und ihr Mann stiegen auf Zehenspitzen zu ihrer Wohnung hinauf, zwei Elefanten im Schlepptau.

Als wir am nächsten Morgen die Zeitung öffneten, wurde uns alles klar: »Regierung untersucht Preiskartellbildung für Elefantenstoßzähne«, lautete eine balkendicke Überschrift.

Das also war's. Die beste Ehefrau von allen nahm sich erst gar nicht die Mühe, ihren Zorn zu verhehlen.

»Geh und mach was!« rief sie mir zu. »Und daß du mir ja nicht ohne einen Elefanten nach Hause kommst! Jeder Idiot weiß, was er zu tun hat, nur du nicht...«

Gegen Abend gelang es mir tatsächlich, einen preisgünstigen Elefanten zu erstehen. Ich kaufte ihn einem Neueinwanderer ab, der noch Steuerfreiheit genoß.

Der Elefant konnte sich nur mit Mühe durch das Haustor zwängen, das in den letzten Tagen merklich niedriger geworden war. Vermutlich lag das an den Elefanten. Fast jedes Stockwerk hatte mindestens einen aufzuweisen, und alle zusammen drückten das Mauerwerk nach unten. Im übrigen mußten wir sehr behutsam vorgehen, um den Verkäufer nicht noch nachträglich zu gefährden. Neueinwanderer dürfen ihre Elefanten frühestens nach Ablauf eines Jahres verkaufen.

Wir gingen zu Bett, fröhlich wie noch nie seit der Abwertung der Israelischen Währung.

Am nächsten Morgen stürzte das Haus ein. Aus den Trümmern arbeiteten sich elf Elefanten hervor und rasten in wildem Galopp durch die Straßen. Die Experten behaupten, dies hätte sich vermeiden lassen, wenn die Elefanten an den Index gebunden wären.

Alles auf der Welt hat seinen Preis. Auch die wirtschaftliche Unabhängigkeit eines Landes.

Wirtschaftskunst

Der Finanzminister: Sonst noch etwas?
Die Ratgeber: Das Unterrichtsministerium wiederholt seinen seit zwei Jahren unerledigten Antrag, dem unter Leitung von Josua Bertini stehenden Kammerorchester eine einmalige Subvention von 75 000 Shekel zu gewähren. In der Antragsbegründung heißt es, wie schon seit zwei Jahren, daß die Tätigkeit dieser Musikvereinigung einen wertvollen Beitrag für das kulturelle Leben unseres Landes leistet und –
Der Finanzminister: Sonst noch was? Wenn ich nicht irre, ist hier das Finanzministerium und kein Kulturausschuß.
Die Ratgeber: Das Kammerorchester hat dem Finanzministerium bisher insgesamt sieben Subventionsansuchen unterbreitet.
Der Finanzminister: Meinetwegen können sie noch ein Dutzend unterbreiten. Die scheinen uns für einen Goldesel zu halten, der sich von jeder hergelaufenen Artistentruppe... also melken kann man nicht gut sagen, aber jedenfalls läßt. Was bilden die sich eigentlich ein?

Die Ratgeber: Kammermusikalische Darbietungen können erfahrungsgemäß nur mit einem begrenzten Publikum rechnen und sind auf Subventionen angewiesen.

Der Finanzminister: Meine Herren, lassen wir Zahlen sprechen. Wie oft treten die mit ihrer Kammermusik auf? Ich meine: wie viele Vorstellungen geben sie?

Die Ratgeber: Ungefähr 40 im Jahr.

Der Finanzminister: Eine Schnittberechnung der in Betracht kommenden Säle ergibt 483 Sitze. Aber es ist nicht immer ausverkauft.

Der Finanzminister: Danke. So habe ich's mir vorgestellt. 40 mal 483 macht 19320, und davon muß man noch die leeren Sitze abziehen. Für diese kläglichen Ziffern sollen wir eine Subvention flüssigmachen? Außerdem müssen wir schon für die Oper sorgen. Ist dieser Herr Bretoni, oder wie er heißt, einmal auf den Gedanken gekommen, sich mit dem Institut zur Förderung von Produktionsziffern zu beraten?

Die Ratgeber: Wahrscheinlich nicht.

Der Finanzminister: Das dachte ich mir! Es ist ja auch viel leichter und bequemer, zur Regierung zu rennen und eine Subvention zu verlangen, nicht wahr. Nein, meine Herren, so baut man keinen Staat auf. Dieses bankrotte Unternehmen soll gefälligst ein vernünftiges Produktionssystem einführen. Senkung der Kosten bei gleichzeitiger Steigerung des Ausstoßes. Abzüge von den Gehältern, Zuschläge zu den Eintrittskarten. Gestaffelte Provisionen. Und überhaupt. Dann werden sie konkurrenzfähig sein.

Die Ratgeber: Wir möchten darauf hinweisen, daß

unser Kammerorchester von Kritikern und Sachverständigen als eines der besten seiner Art bezeichnet wird und internationales Ansehen genießt.

Der Finanzminister: Internationales Ansehen! Wieviel macht das in Shekel? Und was sind das für Fachleute, die nicht wissen, daß ein mit Verlust arbeitendes Unternehmen nicht lebensfähig ist?

Die Ratgeber: Aber vom künstlerischen Standpunkt –

Der Finanzminister: Ich bin kein Künstler, meine Herren, ich bin Volkswirtschaftler. Bitte den nächsten Punkt! Was gibt es sonst noch?

Die Ratgeber: Das Offert eines italienischen Textilfabrikanten, in Israel eine Kunststoffabrik zu errichten.

Der Finanzminister: Großartig! Die erste israelische Kunststoffabrik!

Die Ratgeber: Nicht ganz die erste. Wir haben schon drei.

Der Finanzminister: Dann sollte auch noch Platz für eine vierte sein.

Die Ratgeber: Im vergangenen Monat haben zwei von den drei Fabriken mit einem Gesamtverlust von 4,6 Millionen den Betrieb eingestellt.

Der Finanzminister: Ich bitte Sie, meine Herren! Manche Dinge stehen über der trockenen Statistik.

Die Ratgeber: Wir müssen trotzdem noch einige Zahlen nennen. Der italienische Textilmann verlangt einen Kredit von 9 Millionen, wofür er sich bereit erklärt, 5 Millionen in die Fabrik zu investieren.

Der Finanzminister: Bringt er neue Maschinen?

Die Ratgeber: Es ist anzunehmen.

Der Finanzminister: Große, schöne Maschinen, ja?

Die Ratgeber: Soviel wir wissen, sind sie eher klein.
Der Finanzminister: Aber sie haben schöne, große Hebel. Sie werden unsere Industrie ankurbeln. Hebräischer Kunststoff wird den Weltmarkt erobern. Mit eingewebtem Staatswappen. Made in Israel. Was ist Kunststoff?
Die Ratgeber: Ein Stoff aus künstlichem Material.
Der Finanzminister: Macht nichts. Sollen wir uns über Details den Kopf zerbrechen, wenn vor unserem geistigen Auge ein Markstein auf unserem Weg zur wirtschaftlichen Unabhängigkeit neue Blüten treibt?
Die Ratgeber: Wozu brauchen wir –
Der Finanzminister: Meine Herren, ich höre vor meinen geistigen Ohren das Summen der Maschinen, wie sie sich in den Produktionsprozeß einschalten, ich sehe Hunderte geschulter Facharbeiter, wie sie –
Die Ratgeber: – zwei Fabriken zusperren –
Der Finanzminister: Und aus den Maschinen strömt in nicht enden wollendem Strom das unvergleichlich zarte Webprodukt, glitzernd und blinkend im Sonnenschein wie ein goldenes Vlies, dessen heller Klang unserer Nation auf dem Weg zu neuen Höhen voranweht ... Kunststoff! Kunststoff!
Die Ratgeber: Aber gleich 9 Millionen ...
Der Finanzminister: Hören Sie mir mit den ewigen Zahlen auf! Haben Sie denn kein Verständnis für die erhabene Musik, die in dem allen liegt? Neue, zukunftweisende Musik, schöpferische Kunst ...
Die Ratgeber: Vom wirtschaftlichen Standpunkt –
Der Finanzminister: Ich bin kein Volkswirtschaftler, meine Herren, ich bin Künstler.

Der Eindringling und der Wohltäter

An irgendeinem dieser seltsamen Tage hatte ich eine folgenschwere Idee. Ich entschloß mich, meinen Wohnsitz aus der Vorstadt ins Zentrum Tel Avivs zu verlegen, um mir die Parkplatzsuche bei den Kinos zu ersparen.

Ich bin ein Mann des schnellen Handelns. Noch ehe meine Idee ganz ausgegoren war, veröffentlichte ich einige Inserate in mehreren Zeitungen, und schon nach wenigen Wochen hatte ich Glück. In einem Kino traf ich zufällig meinen alten Freund und Schulkollegen Bummi Bar-Goldfisch, der mir unter dem Siegel der Verschwiegenheit mitteilte, daß er die Absicht habe, seine Drei-Zimmer-Wohnung im Herzen von Tel Aviv für die Dauer eines Jahres gegen eine Monatsmiete von 5000 Shekel zu vermieten. Er hatte nämlich irrtümlicherweise ein Staatsstipendium erhalten, das ihm die Möglichkeit geben sollte, an einer finnischen Hochschule das Design von Skisprungschanzen zu studieren.

Ich erklärte mich zu unserer beiderseitigen Freude spontan bereit, seine Wohnung zu mieten. Ein

Handschlag besiegelte die Abmachung und schon wollte ich fröhlich trällernd nach Hause gehen, um zu packen, als mich Bummi am Rockzipfel zurückhielt:

»Ich bitte dich um alles in der Welt, es nicht als Zeichen meines Mißtrauens aufzufassen«, sagte mein Freund, »aber ich glaube, es wäre für alle Beteiligten klüger, die Formalitäten von einem Anwalt regeln zu lassen. Ich möchte nämlich nicht, daß es nachher irgendwelche Mißtöne gibt. Unsere alte Freundschaft soll unbefleckt bleiben wie eh und je, verstehst du?«

Natürlich verstand ich. Wir verabredeten uns für den folgenden Tag beim Rechtsanwalt Dr. Avigdor Wichtig.

Wie gesagt gilt in unserem schönen orientalischen Land, noch aus der Zeit der Türkenherrschaft, ein altertümliches Gesetz, welches besagt, daß man aus einer unbewohnten Behausung unter keinen Umständen entfernt werden darf, sobald man darin ein Bett aufgestellt hat. Daher rührt die nahezu animalische Angst jedes heutigen Wohnungseigentümers, daß sein Mieter sich weigern könnte, die Wohnung zum vereinbarten Termin zu räumen. Das Leben im Orient ist eben voll der Tücken und Fährnisse, auch ohne Türken.

★

Als ich tags darauf beim Anwalt eintraf, war mir sofort klar, daß mein Freund Bar-Goldfisch von die-

sem schon einige juristische Hinweise erhalten haben mußte. Er war schreckensbleich und zitterte am ganzen Körper. Dr. Wichtig setzte, sobald er mich erblickte, seine wichtigste Miene auf:
»Die Lage ist ernst«, begann der erfahrene Jurist. »Ihr Freund Bar-Goldfisch hat mich bereits informiert, worum es sich handelt. Die monatliche Miete von 7500 Shekel scheint mir etwas zu niedrig, doch darüber hat ausschließlich mein Klient zu befinden. Ich muß Sie nun fragen, mein Herr, welche Sicherheit haben Sie anzubieten, daß Sie in einem Jahr, wenn Herr Bar-Goldfisch als der erste israelische Skisprungschanzendesigner aus Finnland zurückkehrt, die besagte Wohnung auch tatsächlich räumen werden?«
»Aber das ist doch kein Problem unter alten Freunden«, sagte ich freundlich lächelnd, »nicht wahr, Bummi?«
Bummi wollte vermutlich »Ja« sagen, aber ein strenger Blick des Anwalts versiegelte ihm den Mund.
»Wohnungsangelegenheiten haben nichts mit Freundschaft zu tun«, stellte Dr. Wichtig nachdrücklich fest. »Zumal es unsere Gesetze nicht zulassen. Sie, mein Herr, auf die Straße zu setzen, wenn Sie, mein Herr, nicht damit einverstanden sind, auf der Straße zu sitzen. Ich muß Sie daher um Hinterlegung einer Bankgarantie in Höhe von 800000 Shekel ersuchen, damit eine zeitgerechte Räumung der fraglichen Wohnung gesichert ist.«
»Wieso so viel?« fragte ich. »Diese Wohnung ist doch allerhöchstens halb soviel wert.«

»Richtig«, konzedierte mir Dr. Wichtig, »eben deshalb muß ich auf 800000 Shekel bestehen, damit es sich für Sie, mein Herr, keinesfalls lohnen kann, nach Vertragsende in der Wohnung zu bleiben. Fassen Sie es bitte nicht als Mißtrauen gegen Ihre Person auf, wenn ich darauf bestehe, die Bankgarantie bei mir in Bargeld zu hinterlegen.«
»Bitte.«
»Weiters muß ich darauf bestehen, die vereinbarte Summe ein ganzes Jahr nach ihrem fristgerechten Auszug bei mir zu behalten, als Sicherheit dafür, daß Sie keinesfalls beabsichtigen, sich eine Rückkehr in die Wohnung zu erschleichen.«
»Selbstverständlich.«
»Sobald diese Kleinigkeiten geregelt sind, werde ich veranlassen, daß die Wohnungsschlüssel Ihnen, mein Herr, zu treuen Händen ausgefolgt werden.«
Wie erwähnt, war es niemals meine Gepflogenheit, Probleme auf lange Bänke zu schieben. Ich verkaufte anderntags meine Villa und ging schnurstracks zum Anwalt. Als ich ihm den Koffer voller Geldscheine übergab, entfuhr meinem eingeschüchterten Freund Bummi ein markerschütternder Schrei, worauf er kollabierte und unterm Schreibtisch des Dr. Wichtig verschwand.
»Die Bankgarantie scheint in Ordnung«, sagte der Rechtsgelehrte, nachdem er mit Unterstützung zweier Schreibkräfte mein Geld gezählt hatte, »aber da wäre noch ein Punkt, welcher der Klärung bedarf. Was geschieht, wenn die Inflation in diesem Lande weiterhin anhält und wenn nach Ablauf der verein-

barten Zeit Ihr Geld nicht einmal mehr den Wert einer Streichholzschachtel haben sollte?«

»Dann schwöre ich hier vor Zeugen, daß ich die Wohnung dennoch räumen werde.«

»Bei Wohnungsangelegenheiten werden Schwüre nicht anerkannt«, verkündete der Fachmann. »Daher muß ich Sie, mein Herr, höflichst ersuchen, uns Ihre Genehmigung für gewisse Vorsichtsmaßnahmen zu erteilen.«

»Sehr gern.«

»Zunächst einmal müssen Sie Herrn Bar-Goldfisch als Sohn adoptieren. Sodann werden Sie, Zug um Zug, ein neues Testament bei mir deponieren, aus dem hervorgeht, daß Sie Herrn Bar-Goldfisch Ihr gesamtes bewegliches und unbewegliches Vermögen hinterlassen, einschließlich und insbesondere der Nutzungsrechte der von Herrn Bar-Goldfisch Ihnen überlassenen Wohnung, und zwar rückwirkend zum Tag des Vertragsabschlusses.«

»Ich hab auch schon daran gedacht.«

»Sie verstehen vollkommen richtig, es handelt sich natürlich nur um eine Formsache mit juristischen Folgen.«

Nachdem diese kleinen, aber nötigen Formalitäten erledigt waren, ersuchte mich Dr. Wichtig, die Erbschaftssteuer im voraus zu hinterlegen, worauf ich ihm den Familienschmuck übergab, den ich sicherheitshalber gleich mitgebracht hatte. Es folgte ein kurzes Zeremoniell, danach wurde mir bedeutet, daß ich am folgenden Tag die Wohnungsschlüssel erhalten sollte.

Mein Adoptivsohn saß indessen nägelbeißend in der Ecke des Anwaltsbüros und wandte nicht eine Sekunde seinen haßerfüllten Blick von mir.

★

Der nächste Tag kam und ging vorbei, ohne daß ich die Wohnungsschlüssel bekommen sollte.
Dr. Wichtig erklärte in freundlichem Ton, es könnte ja auch der Fall eintreten, daß sein Klient vor mir sterbe, und dann würden die Erben von Herrn Bar-Goldfisch durch die unverantwortlichen Transaktionen ihres Erblassers einen Verlust erleiden. Daher müßte ich mir auch noch einige moralische Bürden freiwillig auferlegen, etwa das Ober-Rabbinat darum bitten, einen schweren Bann gegen mich auszurufen, für den Fall, daß ich nach einem Jahr noch immer in der bewußten Wohnung anzutreffen wäre. Widerspruchslos unterzeichnete ich das Formular den Bann betreffend, während mein Freund Bummi einen schweren Nervenzusammenbruch erlitt.
Er begann um sich zu schlagen und brüllte, daß Dr. Wichtig viel zu leichtfertig mit fremdem Eigentum umgehe, daß ich nicht orthodox wäre, jederzeit auf den rabbinischen Bann pfeifen würde, und überhaupt fühle er es in seinem tiefsten Innern, daß ich nie im Leben seine Wohnung aufgeben würde, schon gar nicht nach einem Jahr. Dann fiel er zu Boden. Aus seinem Mund quoll gelblicher Schaum hervor.

Dr. Wichtig versank in tiefes Brüten. Dann teilte er mir folgendes mit:

»Bei allem Respekt vor Ihrer Integrität, mein Herr, kann ich mich nicht dazu bringen, die gerechten Befürchtungen meines Mandanten zu übergehen. Ich sehe mich daher leider gezwungen, zusätzlich eine Garantie von einer ausländischen Großmacht zu verlangen, die sich verpflichtet, sogleich den Krieg zu erklären, wenn Sie, mein Herr, im Folgenden ›Der Eindringling‹ genannt, nach Ablauf eines Jahres nicht dazu bereit sein sollten, die Wohnung zu verlassen. Sobald Sie diese unwiderrufliche Garantie vorlegen, wird man Ihnen die Schlüssel unverzüglich aushändigen.«

Die Interventionsmacht, auf die wir uns einigten, war Frankreich. Durch Vermittlung eines aus Algier stammenden Teppichhändlers erhielt ich am folgenden Tag die beglaubigte Unterschrift des französischen Botschafters.

Nun bedurfte es nur noch einer Kleinigkeit. Ich hatte mich nämlich verpflichtet, im Zentrum von Tel Aviv eine standesgemäße Drei-Zimmer-Wohnung zu kaufen und sie als Sicherheit für die von Herrn Bar-Goldfisch gemietete Wohnung dem Rechtsanwalt Dr. Wichtig für die Dauer eines Jahres zur Verfügung zu stellen.

Ferner mußte ich ein Formular unterzeichnen, wonach eine Kammerjägerfirma beauftragt wurde, die von mir gemietete Wohnung genau ein Jahr nach Vertragsabschluß mit Zyan-Gas auszuräuchern, um meinen zeitgerechten Auszug zu gewährleisten.

Dann kam es endlich zum Vertragsabschluß zwischen mir einerseits und Herrn Bar-Goldfisch andererseits. Das 128 Seiten starke Aktenwerk legte fest, daß besagte Wohnung dem »Eindringling« lediglich für die Dauer eines einzigen Jahres (bestehend aus maximal 365 Tagen) überlassen werde. Die Transaktion sei als Wohltätigkeit seitens Herrn Bar-Goldfischs zu werten, im Folgenden »Der Wohltäter« genannt, wofür der »Eindringling« je Monatsersten 10000 Shekel bei sonstiger Exekution zu begleichen hätte.

Ich hatte zwei Tage lang Zeit, den Vertrag zu studieren, und als ich auf Seite 72 angelangt war, kam der große Moment, da wir beide zu gleichen Teilen und zu treuen Händen die Urkunde unterzeichnen durften.

Bar-Goldfisch stand kurz von seiner Bahre auf und übergab mir leise fluchend mit zitternden Händen die Wohnungsschlüssel.

Dann sank er wortlos zu Boden.

Meine erste Vermutung war, daß er vor Angst, seine Wohnung nie wieder betreten zu dürfen, gestorben wäre. Doch der schnell herbeigeholte Notarzt stellte nur einen Schlaganfall mit zerebralen Lähmungserscheinungen fest.

Und so kam ich zu einer Wohnung im Zentrum von Tel Aviv.

Bedauerlich ist nur, daß ich nicht berechtigt bin, in diese Wohnung einzuziehen. Der Artikel 397 unseres Vertrages besagt nämlich in aller Klarheit: »Der Eindringling verpflichtet sich hiermit unwiderruflich, während der Mietdauer unter keinen Umständen in besagte Wohnung einzuziehen.«

Dr. Wichtig erklärte mir auf Befragen, daß dieser Paragraph nur eine reine Formalität wäre, die mir überdies das kostspielige Ein- und Ausziehen ersparen würde. Vielleicht hat er recht. Mich stört nur, daß ich nach wie vor bei jedem Kinobesuch stundenlang einen Platz für meinen Wagen suchen muß. Anscheinend hatten die alten Türken keine Parkprobleme.

Sozialpolitik

Für die Nachwelt muß festgehalten werden, daß der Stadtverwaltung von Tel Afib die Palme gebührt. Sie war unbestritten die erste Behörde des Landes, der es gelang, die finanziellen Belastungen der ärmeren Teile der Bevölkerung auf revolutionärem Wege zu erleichtern.

»Meine Herren«, sprach der Bürgermeister zum versammelten Gemeinderat, »ich finde, der Zeitpunkt ist gekommen, irgend etwas höchst Soziales zu unternehmen. Es ist mir nämlich zu Ohren gekommen, daß die begriffsstutzigen Bewohner unserer geliebten Stadt uns die 26 verschiedenen Gemeindesteuern übel nehmen. Ich beantrage daher eine demonstrative sozialpolitische Gegenmaßnahme, wie zum Beispiel die Abgabe einer Gratisbanane an jedes Kind, das noch nicht das achte Lebensjahr überschritten hat.«

Der Vorschlag wurde mit allgemeinem Applaus angenommen. Die Gemeinderäte umarmten einander und drückten anhaltend des Bürgermeisters Hand. Aus einer entsprechenden Rundfrage ging nämlich hervor, daß jedes Elternhaus mindestens fünfzig Shekel monatlich allein für Bananen ausgab.

Die Stadtverwaltung ging sofort daran, den Entschluß in die Tat umzusetzen. Bereits nach sechs Monaten hatte eine Volkszählung sämtliche Kinder unter acht Jahren erfaßt. Ganz Tel Afib war überzeugt davon, daß das Unternehmen »Sozialbanane« als revolutionäre Idee in Sachen Kinderfürsorge in die Geschichte des Nahen Ostens eingehen würde.

Die Vorbereitungen standen kurz vor dem Abschluß, als plötzlich jemand einen Punkt zur Sprache brachte, der im Trubel der allgemeinen Begeisterung irgendwie übersehen worden war. Nämlich: woher sollte das Geld für diese bedeutende soziale Aktion kommen? Der Gemeinderat trat umgehend zur üblichen Notstandssitzung zusammen.

Große Worte wurden gesprochen, aber letzten Endes waren sich alle einig, daß die Gratisbananen aus propagandistischen Gründen nicht mehr vom Tisch gewischt werden konnten. Schließlich ging es um das Prestige der gesamten Stadtverwaltung. Der finanzielle Aspekt, so einigten sich die Stadträte, war »in engster Zusammenarbeit mit der Bevölkerung zu lösen«.

Gleich am darauffolgenden Morgen wurde eine große Bananenlotterie ins Leben gerufen. Jedes Los kostete fünfzig Shekel. Die Aktion erwies sich jedoch als nicht kostendeckend, da man vergaß, eventuelle Lottogewinne ins Kalkül zu ziehen. Man wandte sich daher direkt an die unverschämten Nutznießer

der Aktion, nämlich an die Eltern der bananensüchtigen Kinder.
Der Plan war ganz einfach. Jedes Familienoberhaupt sollte laut Gesetz pro Monat ein Gratis-Bananen-Zertifikat zum Preis von 75 Shekel erwerben, das dem zugehörigen Kind das Recht auf seine tägliche Gratisbanane gab. Unglückseligerweise erwiesen sich die angesprochenen Eltern als kurzsichtige Querulanten. Sie teilten der Stadtverwaltung kategorisch mit, sie könne sich ihre stinkenden Bananen an den Hut stecken.
Den Stadtvätern blieb nichts anderes übrig, als per Sozialgesetz zu erlassen, daß die Entgegennahme der täglichen Gratisbanane ab sofort obligatorisch wäre. Schließlich handelte es sich um nichts Geringeres als um die Gesundheit der lieben Kinder, ja, die Zukunft unseres Landes.
Alles Weitere ist bekannt. Sowohl die Bananenlotterie als auch das Gratis-Bananen-Zertifikat wurden einfachheitshalber in eine allgemeine städtische Bananenbuße in Höhe von rund 100 Shekel monatlich umgewandelt. Damit wurde automatisch die 27. Gemeindesteuer geschaffen, wobei Zuwiderhandelnde mit Beschlagnahme ihres Eigentums, in besonders drastischen Fällen auch mit hohen Gefängnisstrafen zu rechnen hatten.
Die Kriminalpolizei stand in Alarmbereitschaft. Die ersten Verhaftungen wurden bereits vorgenommen.
Die Aktion läuft.
Leider ist der Bürgermeister, der Initiator des Bananenprojektes, auf dem Höhepunkt der Krise auf

einer Bananenschale ausgerutscht und hat sich das Bein gebrochen. Man munkelt, es sei die Rache einiger extremer Bananen gewesen.
Sozialpolitik fordert nun mal ihre Opfer.

Familienplanung

Ich hatte einen schrecklichen Traum. Einen Alptraum. Mir träumte, daß ich mit der Regierung verheiratet war. Die Regierung war meine Frau. Ich nannte sie Regi und wunderte mich über ihren schütteren Haarwuchs, der an manchen Stellen bereits einer Glatze nahekam.
Sie kochte gerade ein Abendessen für 26 Personen. Ich beobachtete sie unauffällig.
»Liebling«, sagte ich nach einer Weile, »außer uns beiden sind ja nur noch die drei Kinder da...«
»Und wenn plötzlich Gäste kommen?«
Sie hat auf alles eine Antwort. Vor ein paar Tagen schlug ich Krach, weil ich entdeckt hatte, daß wir dem Delikatessenhändler acht Millionen Pfund schuldig sind. Daraufhin schrie sie mich an, sie gäbe keinen überflüssigen Groschen aus, die Leute wunderten sich ohnehin, wie sie mit dem Wirtschaftsgeld auskäme, außerdem hätte sie nichts zum Anziehen, und ihre Freunde sagten ihr immer: ›Regi, dein Mann weiß ja gar nicht, was für eine Perle er an dir hat.‹ Dann begann sie zu weinen.

Mir brach selbst im Traum der Schweiß aus, ich spürte es ganz deutlich.

»Liebling«, tröstete ich sie, »erst gestern hast du zwei Millionen von mir bekommen, Liebling. Wo zum Teufel sind sie?«

»Weg. Ausgegeben. Oder glaubst du vielleicht, ich habe sie gestohlen? Der Spinat ist teurer geworden, ich mußte die Telefonrechnung zahlen, und die Wäscherei hat 30 Shekel gekostet.«

»Schön und gut – aber da fehlt noch immer etwas auf zwei Millionen.«

»Laß mich in Ruh', du ekelhafter Pedant. Soll ich dir über jedes einzelne Shekel eine detaillierte Rechnung vorlegen? Verlangst du das von deiner eigenen Frau, die sich bei Tag und Nacht für ihre Familie aufopfert?«

»Ich möchte nur wissen, was mit meinem Geld geschieht.«

»Bitte. Ich erwarte deine Vorschläge. Wo soll ich mit dem Einsparen beginnen?«

»Vielleicht brauchst du nicht unbedingt drei Wagen...«

»Aha. Du willst, daß ich zu Fuß gehe.«

»Und die Konditorei. Mußt du in der teuersten Konditorei der Stadt frühstücken?«

»Das bin ich deinem Status schuldig.«

»Meinem Status?!« brüllte ich. »Wir sind Bettler. Ich verdiene 460 Shekel im Monat.«

»Sei nicht hysterisch, Ephraim«, sagte Regi. »Trag lieber den Müll hinaus.«

In unseren Mülleimern hatten sich ungefähr zwölf

Tonnen Abfall angesammelt, darunter beträchtliche Mengen von Phosphaten und Textilien. Ich schleppte alles den Abfallhügel hinauf, der vor unserem Haus emporragte. Es ist kein angenehmes Gefühl, wie ein Tier zu schuften, Überstunden zu machen, todmüde nach Haus zu kommen und von der eigenen Frau nicht einmal zu erfahren, wofür sie das Geld ausgibt.

Als die Bank letzte Woche 80 Millionen Zinsen für das uns gewährte Darlehen verlangte, wurde es mir zuviel.

»Was für ein Darlehen ist das?« begehrte ich zu wissen.

»Ich habe keines aufgenommen.«

»Aber ich«, antwortete Regi kühl. »Für die Lebensversicherung unserer Kinder. Oder willst du sie als arme Waisen zurücklassen?«

»Wenn die Kinder dir so viel Geld wert sind, mußt du eben deine übrigen Ausgaben einschränken – oder ich verlasse dich.«

»Aber warum?«

»Weil du mehr Geld ausgibst, als ich verdiene. Darum. Ich habe noch nie eine Hausfrau gesehen, die zuerst beschließt, was sie ausgeben will, und dann von ihrem Mann erwartet, daß er die entsprechende Summe verdient. In einem ordentlichen Haushalt müßte es genau umgekehrt sein.«

»Ich brauche –«

»Jetzt rede ich, Regi!« unterbrach ich sie schroff. »Ich bringe 460 Shekel im Monat nach Haue – und damit wirst du gefälligst auskommen.«

»Wie soll ich das machen?«
»Das ist deine Sache. Von mir aus kannst du mindestens fünf Diener entlassen und mindestens zwei Wagen verkaufen. Auch die silbernen Kerzenhalter brauchen wir nicht. Und wo steht es geschrieben, daß wir zweimal am Tag warme Mahlzeiten haben müssen? Schränken wir uns ein wenig ein, wie es meinem Einkommen entspricht.«
»Ich will's versuchen«, sagte Regi überraschend kleinlaut. »Komm, gib mir einen Kuß. Wir sind ja schließlich aufeinander angewiesen...«
Ich streichelte ihr Haar und küßte sie auf eine der kahlen Stellen. Der eheliche Friede war gesichert. Bis zur nächsten Steuererklärung.

Das Land der Betrüger

...und als es endlich so weit war, daß man keine Gelder mehr herauspressen konnte und die Staatsverschuldung schon dreimal so hoch war wie das Bruttosozialprodukt, waren sich alle Wirtschaftsexperten darüber im klaren, daß etwas Einschneidendes unternommen werden müßte.
Also ging der Finanzminister in sich und kam nach einigen Tagen des intensiven Nachdenkens mit einem neuen Gesetzesentwurf wieder hervor, der in höchst lapidarer Form folgendes besagte:
»Ab kommenden Montag ist es allen Bürgern des Staates, ebenso wie allen nichtansässigen Bewohnern, deren Aufenthalt im Land zehn Minuten überschreitet, gesetzlich untersagt, die Luft des heiligen Landes ein- bzw. auszuatmen, egal ob auf dem Weg durch die Nase, den Mund oder irgendwelche anderen Öffnungen des Körpers. Ausgenommen von dieser gesetzlichen Regelung sind ausländische Diplomaten, offizielle Gäste der Regierung sowie die Gesetzgeber des Landes. Bei Zuwiderhandeln gegen das Gesetz des nationalen Atemanhaltens wird eine

Geldstrafe bis zu 10 000 Shekel bzw. Freiheitsentzug bis zu drei Jahen bzw. beides verhängt.«
Begründet wurde diese Gesetzesvorlage des Finanzministers mit dem Hinweis, daß auf dem Weg über die zu erwartenden Geldstrafen ein Betrag von rund 60 Milliarden Shekel pro Jahr aufgebracht werden konnte, ohne dabei gegen das Prinzip zu verstoßen, die Steuerlast im laufenden Haushaltsjahr nicht weiter zu erhöhen.
Doch die Abgeordneten des Parlaments hatten schwerwiegende Bedenken.
Der Sprecher der Arbeiterpartei wies darauf hin, daß es den Werktätigen, insbesondere jenen, die mit manueller Arbeit befaßt seien, nicht möglich wäre, während der Produktion gänzlich auf das Atmen zu verzichten, und schlug daher vor, dem Gesetz eine diesbezügliche Novelle hinzuzufügen.
Die Linkssozialisten beantragten, daß auch die Bewohner der Kibbuz-Siedlungen einen Ausnahmestatus erhalten müßten, da sie ihre landwirtschaftliche Tätigkeit vornehmlich im Freien ausübten, wo die verbrauchten Ozonmengen den nationalen Bestand an Luft nur unwesentlich verringern würden.
An dieser Stelle erfolgte im Parlament ein Zwischenruf von Abg. Singer (»Liberale«):
»Warum sollen ausgerechnet die Kibbuzim nicht bezahlen?«
Darauf der Abg. Feinholz (»Für ethische Sauberkeit«): »Arschloch!«
Der Sprecher der religiösen Splitterparteien verlieh der Hoffnung Ausdruck, daß das Atemanhalten

endlich zur Folge haben könnte, die Fußballspiele am Sabbat einzustellen. Der Vertreter der kommunistischen Partei steuerte hingegen eine vernichtende Kritik am amerikanischen Geheimdienst bei. Nach ihm meldeten sich noch 18 weitere Sprecher von 18 weiteren Parteien zu Wort, die, wie alle anderen auch, ihrer entschiedenen Ablehnung des neuen Gesetzes Ausdruck verliehen.

Dann erst konnte man zur Abstimmung schreiten. Das Gesetz des nationalen Atemanhaltens wurde mit überwältigender Mehrheit angenommen und verabschiedet. Dennoch war nicht zu übersehen, daß innerhalb der Bevölkerung die Befürworter des neuen Gesetzes eher in der Minderzahl waren. In Regierungskreisen schrieb man es der Nachlässigkeit des Propagandadienstes zu, daß nicht rechtzeitig hochwertiges Informationsmaterial an das Publikum verteilt wurde. Auch die Oppositionsparteien nutzten den unpopulären Charakter des Gesetzes, veranstalteten Protestaktionen und brachten überall Plakate an, in denen sie die Bevölkerung zynisch aufriefen, auch weiterhin zu atmen.

Die Fachpresse erhob ebenfalls ihre Stimme gegen das Gesetz: ».... wie dem auch sei«, warnte der Leitartikel einer einflußreichen Wirtschaftszeitung, »und egal, wie hoch das Defizit im Haushalt auch sein mag, ein vorzeitiges Atemverbot wird es nicht verringern. Es wird lediglich die inflationäre Kaufkraft von der einen Gesellschaftsschicht in die andere verlagern, ohne die wachsende Arbeitslosigkeit zu beseitigen...«

Das Gewerkschaftsorgan reagierte hart auf die mißtrauischen bürgerlichen Stimmen. Es stellte fest, daß das Gesetz zwar noch nicht den erwünschten Stand erreicht habe, in dem sämtliche wirtschaftlichen und biologischen Faktoren optimal aufeinander abgestimmt seien, dennoch sei es unverantwortlich, eine dermaßen harte Kritik an einem Gesetz zu üben, das im wesentlichen der sozialen Entwicklung des Landes dient.

Der Finanzminister selbst zog die nötigen Konsequenzen und installierte in sämtlichen Sälen des nationalen Museums eine großzügig dimensionierte Zentralstelle für Atmungsdelikte mit einer Sünderkartei und dazugehörigem Riesencomputer. Ferner stellte er 1800 neue Beamte ein sowie rund 2000 Zivilfahnder zur Entlarvung aller, die nach Inkrafttreten des Gesetzes immer noch atmen.

Das erste Opfer, das der Strenge des neuen Gesetzes anheimfiel, war ein Apotheker aus Haifa. Es ging in der Zentralstelle ein anonymes Schreiben ein, welches den Behörden mitteilte, daß besagter Apotheker in aller Öffentlichkeit beim regelmäßigen Atmen angetroffen wurde. Unterzeichnet war das Schreiben mit »Ein Patriot«.

Zwei der gewiegtesten Fahnder wurden zwecks Überprüfung des Beschuldigten an den Tatort entsandt. Sie mußten feststellen, daß die Angaben des Patrioten auf Wahrheit beruhten. Der aufmüpfige Apotheker wurde unverzüglich in das Büro des Fahndungsdirektors zitiert und einem eingehenden Verhör unterzogen.

Nachstehend das wortgetreue Vernehmungsprotokoll:
Direktor: Sie wissen hoffentlich, weshalb Sie hier sind?
Apotheker: Nein. Ich habe keine Ahnung.
Direktor: Sie wollen also den Unschuldigen spielen? Nun, mir liegen Berichte vor, denen zufolge Sie den Bestimmungen des Gesetzes auf unverfrorenste Weise zuwiderhandeln und weiteratmen, wann immer Ihnen der Sinn danach steht.
Apotheker: Ich? Ich habe das Atmen pünktlich am vorigen Montag eingestellt, so wie das Gesetz es vorschreibt.
Direktor: Sie leugnen also? Na schön! (Er konsultiert seine Unterlagen.) Sie wurden vorgestern sowie gestern von zuverlässigen Zeugen dabei beobachtet, wie Sie sowohl ein- als auch ausgeatmet haben. Im ersteren Fall geschah dies in Ihrer Apotheke und das zweite Mal im Autobus Nr. 7 um 12.35 Uhr mittag.
Apotheker: Bitte, das ist unmöglich. Hier muß ein Irrtum vorliegen.
Direktor: Können Sie beweisen, daß Sie an diesen beiden Tagen *nicht* geatmet haben?
Apotheker: Natürlich verfüge ich über keine Zeugen. Aber ich gebe Ihnen mein Ehrenwort, daß ich mir das Atmen vollkommen abgewöhnt habe.
Direktor: Sie halten mich wohl für einen Trottel, was? Wenn Sie tatsächlich, so wie Sie hartnäckig behaupten, seit einer Woche nicht atmen, dann frage ich Sie, wieso sind Sie überhaupt noch am Leben?
Apotheker: Ich hatte Luftreserven in der Lunge.

Direktor: Mit so plumpen Mitteln wollen Sie *mich* irreführen? Glauben Sie, ich sehe nicht, daß Sie sogar jetzt, in diesem Augenblick, atmen?
Apotheker: Ich? Atmen? Niemals! Das ist doch lächerlich...
Direktor: Ihnen wird das Lachen noch vergehen! (Er befestigt eine rote Plastik-Wäscheklammer an des Apothekers Nase und stopft ihm ein imprägniertes Taschentuch in den Mund. Dann setzt er sich wieder hinter seinen Schreibtisch.) Wir werden ja sehen. Ich habe Zeit! (Er beginnt Zeitung zu lesen.)
Apotheker: (hält etwa zwei Minuten den Atem an, dann verfärbt sich sein Gesicht, erst rot, dann blau. Er spuckt das Taschentuch aus und holt tief Luft.) Aaaahhhh...
Direktor: (blickt von der Zeitung auf, zornig aber würdevoll) Sie sind ein elender Betrüger, Freundchen!
Der erwischte Atemhinterzieher bekam eine Geldstrafe von 9462 Shekel aufgebrummt. Die Behörde lernte aus diesem Vorfall, daß sie ihre Wachsamkeit um etliches verschärfen müsse.
Auf der Straße erschienen Plakate mit dem Slogan: »Wer das heilige Land liebt, hält die heilige Luft an!« Die Bevölkerung aber legte eine unerschütterliche Gleichgültigkeit an den Tag. Man setzte allerorten die Luftveratmung fort. Zuweilen sogar ganz schamlos, in aller Öffentlichkeit. Die Zentralstelle für Atmungsdelikte sah sich gezwungen, die Zahl der Zivilfahnder auf 5000 zu erhöhen. Diese erarbeiteten sich verfeinerte Methoden der Kontrolle. Zum Bei-

spiel hielten sie bei einem verdächtigen Atemsünder beide Nasenlöcher mit den Fingern zu und setzten ihm so lange eine Trillerpfeife an den Mund, bis der Gesetzesbrecher sein Vergehen gestehen mußte. In schwierigen Fällen wurde der Verdächtige einer Untersuchung mit dem Lügendetektor unterworfen, Kronzeugen gegenübergestellt oder von Agenten überführt, die als Fahrer oder Hausgehilfin getarnt den Missetäter entlarvten. Die Außenbüros der Zentralstelle für Atmungsdelikte funktionierten munter und führten in den verschiedenen Bezirken systematische Razzien durch.

Aber auch das half nicht. Die Zahl der Betrüger wuchs von Tag zu Tag. Ganz besonders nahm ihre Zahl unter den Selbständigen zu, die, wenn man der Statistik glauben durfte, nicht weniger als 65% aller Atemsünder ausmachten. Unter den Gehaltsempfängern wurden viel weniger beim Atmen ertappt, und sie wurden eher milde bestraft, indem ihre Gehälter von der verhängten Strafsumme abgezogen wurden.

★

Sechs Wochen nach Inkrafttreten des Gesetzes konnte das erste Resümee gezogen werden. Alle Fachleute stimmten darin überein, daß die Bevölkerung des Landes einen noch nie dagewesenen moralischen Tiefstand erreicht habe. Selbst jene Menschen, die Jahre hindurch als Symbol der Rechtschaffenheit angesehen werden konnten, die alten Pioniere und Erbauer des Landes, selbst sie mißachteten das Gesetz und atmeten hemmungslos weiter, als wäre nichts geschehen.

»Nicht einmal auf die Elite ist noch Verlaß«, seufzte erbittert der Finanzminister.

Tatsächlich, mit Ausnahme einiger weniger Staatsgetreuen, konspirierte fast jeder Bewohner des Landes bei Tag und bei Nacht, wie er das Gesetz umgehen und geheime Atmungshinterziehung begehen konnte.

Der Finanzminister wurde immer trauriger angesichts dieses Volkes, das die Gesetze so kaltblütig mißachtete. Soziologen führten die Ursache dieses Mißstandes auf die alte Ghetto-Mentalität zurück, die den kleinen Mann über Jahrhunderte hinweg dazu gebracht habe, in Verfügungen der Obrigkeit automatisch Raub und Unterdrückung zu erblicken, der es um jeden Preis zu entkommen gilt. Andere wiederum erklärten die Disziplinlosigkeit der Bevölkerung mit dem jahrelangen Leben in der Levante. Wie dem auch sei, sämtliche enttäuschte Regierungsmitglieder wurden sich darüber einig, daß nicht festzustellen sei, wer die Schuld daran trägt, daß die Bewohner des heiligen Landes zu einem Volk von Drückebergern degeneriert sind.

Der verwaltete Konkurs

»Gestatten, daß ich mich vorstelle, mein Herr. Ich bin der internationale Konkursverwalter.«
»Sehr angenehm, ich bin der Staat persönlich. Wollen Sie nicht vielleicht Platz nehmen?«
»Danke. Wie Ihnen bekannt sein dürfte, wurde ich entsandt, um ihre gegenwärtige finanzielle Lage in Augenschein nehmen zu können, Ihr gütiges Einverständnis vorausgesetzt.«
»Sie haben mein gütiges Einverständnis.«
»Also, wenn ich beginnen darf, aus dem Bericht Ihres Rechnungshofes geht hervor, daß Ihre Auslandsschulden an die verschiedensten internationalen Institutionen den horrenden Betrag von 24 Milliarden Dollar erreicht haben. Wie sehen Sie Ihre Finanzlage?«
»Ausgeglichen.«
»Wie bitte?«
»Wenn Sie mir erlauben, werde ich Ihnen mein Konzept erläutern, Herr Konkursverwalter.«
»Ich bitte darum.«
»Also, jedes neugeborene Kind hat im landesweiten

Durchschnitt schon am Tage seiner Geburt eine Auslandsschuld von 5000 Dollar. Gleichzeitig schuldet unser Fiskus jedem dieser Neugeborenen im Moment seines ersten Schreis Inlandsschulden in Höhe von 6500 Dollar. Sie sehen also, unsere Zahlungsbilanz ist sorgfältig ausbalanciert.«
»Das ist eine Frage des Standpunktes. Soweit ich die Sachlage überblicke, betragen Ihre Gesamtschulden gegenwärtig 52 Milliarden Dollar.«
»Sie sind nicht auf dem laufenden, mein Herr. Das war der Stand zu Beginn der Woche. Seit Donnerstag sind es bereits 53 Milliarden.«
»Mein Gott!«
»Nicht nervös werden. Bei mir ist alles bis ins letzte Detail vorprogrammiert. Zum gegenwärtigen Zeitpunkt wird lediglich ein Drittel des Staatshaushaltes zur Schuldentilgung aufgewendet. In drei Jahren werden es schon zwei Drittel sein, spätestens in zehn Jahren wird das gesamte Bruttosozialprodukt der Tilgung von Schulden umgewidmet.«
»Und was geschieht dann?«
»Wann?«
»Wenn die Schulden das Bruttosozialprodukt überholt haben.«
»Ach, da wird uns schon irgend etwas einfallen, oder nicht?«
»Was zum Beispiel?«
»Wir werden Anleihen aufnehmen.«
»Und wovon wollen Sie diese Anleihen zurückzahlen?«
»Aus Anleihen.«

»Und wenn niemand mehr Anleihen zeichnen wird?«
»Dann nehmen wir Kredite auf.«
»Und wenn Ihnen niemand mehr Kredite gewährt, was dann?«
»Warum sollte man uns keine Kredite gewähren?«
»Aus einer Laune heraus.«
»Dann nehme ich bei der sizilianischen Mafia einen Kredit zu Wucherzinsen auf.«
»Und wenn Ihnen nicht einmal mehr Kredite zu Wucherzinsen gewährt werden?«
»Dann eben zu Wucher-Wucher-Zinsen.«
»Und wenn...«
»Dann eben zu Wucher-Wucher-Wucher-Zinsen.«
»Aber es könnte doch der Tag kommen, an dem Sie nirgends auf der Welt mehr Kredite erhalten, nicht einmal zu den allerhöchsten Wucherzinsen.«
»Dann werde ich eben die Treibstoffpreise erhöhen. Wenn ich zum Beispiel ab nächster Woche den Literpreis für Benzin auf 3 Dollar ansetze, bedeutet das pro Jahr eine Milliarde mehr für den Staatssäckel. Wenn ich aber den Benzinpreis auf 30 Dollar pro Liter erhöhe, dann sind es gleich 10 Milliarden. Verstehen Sie? Ein Literpreis von 300 Dollar würde pro Jahr...«
»Wenn ich kurz unterbrechen darf, was passiert, wenn das Volk dann nicht mehr Auto fährt?«
»Warum soll das Volk nicht mehr Auto fahren? Wozu, glauben Sie, kaufen sich die Leute Autos, wenn nicht zum Fahren.«
»Gewiß, aber wäre es nicht wesentlich einfacher und

logischer, wenn Sie sich überwinden könnten, mehr zu leisten und weniger zu verbrauchen?«

»So primitiv kann auch nur ein Konkursverwalter denken. Wenn ich mich einmal der ständigen Erhöhung des Lebensstandards in den Weg stellen würde, so könnte meine Partei die nächsten Wahlen verlieren.«

»Ich frage Sie, was ist wichtiger, die Wahlen oder das Schicksal der Nation?«

»Die Wahlen.«

»Dieser Standpunkt kommt einem Scheitern der Demokratie gleich.«

»Mag sein, aber es gibt keine Alternative. Möchten sie denn in diesem Land lieber eine Diktatur nach dem Muster der Roten Khmer in Kambodscha sehen? Ziehen Sie es vor, wenn Menschen in Plastikbeutel gesteckt und ihre Schädel mit rostigen Hämmern eingeschlagen werden? Ist es wirklich das, was Sie hier erreichen wollen, mein Herr?«

»Natürlich nicht.«

»Dann mischen Sie sich gefälligst nicht in mein Finanzgebaren, ja? Mein Motto lautet: Die Sanierung der Wirtschaft hat Vorrang, aber nicht auf Kosten des Wählers.«

»Auf wessen Kosten denn, wenn ich mir die Frage erlauben darf?«

»Auf Kosten meiner Gläubiger.«

»Wie dem auch sei, ich habe die Aufgabe, gemeinsam mit Ihnen das Datum Ihres wirtschaftlichen Bankrottes festzulegen.«

»Wenn Ihnen das so wichtig ist, bitteschön.«

»Was halten Sie vom 15. Mai nächsten Jahres?«
»Einen Augenblick, lassen sie mich meinen Terminkalender konsultieren. Nein, zu diesem Zeitpunkt wird sich mein Finanzminister in San Flamingo aufhalten, um diesem armen Land eine größere Entwicklungshilfe zur Verfügung zu stellen.«
»Sie wollen Entwicklungshilfe *geben*?«
»Natürlich, das bin ich meinem internationalen Ansehen schuldig. Was halten Sie vom 17. April um 11 Uhr 30?«
»Ausgezeichnet. Ich erlaube mir zu notieren. ›Allgemeiner Zusammenbruch der Staatsfinanzen, 11 Uhr 30.‹ Ich danke für das Gespräch.«
»Keine Ursache. Übrigens, bevor Sie gehen, könnten Sie mir vielleicht ein bißchen Kleingeld borgen? Ich habe meine Geldbörse daheim vergessen...«

*Kleines
Wirtschafts-ABC*

Abzahlung

Was eine Frau wert ist, merken die Männer erst, wenn sie ihr die ersten Alimente zahlen.

Alkolholismus

Die Schweizer haben die menschenunwürdige Gepflogenheit, den Taxifahrer durch Trinkgelder zu erniedrigen, so gründlich abgeschafft, daß der Taxifahrer seinen Gram darüber im Alkohol ertränken muß. Daher auch der Name Trinkgeld.

Alternative

Es gibt für jede Regierung zahlreiche Möglichkeiten, aus ihren Staatsbürgern potentielle Betrüger zu machen: etwa ständige Geldentwertung, die den Spargroschen des Bürgers auffrißt, oder astronomische Einkommenssteuern als Strafe für harte Arbeit und Talent. Im Arsenal der Regierungen befindet sich eine weitere unfehlbare Waffe: die Devisenkontrolle.

Aufschwung

Die Frage des Jahrhunderts lautet: Genügt es, einen Krieg zu verlieren, um einen industriellen Aufschwung zu erleben, oder braucht man noch etwas darüber hinaus?

Ausnahmezustand

Die blühende japanische Wirtschaft basiert nicht auf bedeutenden Naturschätzen, sondern auf schwachen Gewerkschaften.

Bankrott

Wie in allen Ländern mit sprunghafter Wirtschaftsentwicklung brechen auch in Israel Banken aller Größenordnungen zusammen. Manchmal kommt das Finanzministerium auf dem Weg über die Nationalbank einem in Schwierigkeiten geratenen Privatunternehmen zu Hilfe, teils um eine Kettenreaktion auf dem Geldmarkt hintanzuhalten und die wütende Öffentlichkeit zu beruhigen, teils um andere Banken zum Zusammenbruch zu ermutigen.

Besitz

Das Symbol des 19. Jahrhunderts war die goldene Taschenuhr, komplett mit dicker Kette und sinnlosem Anhänger. Unser eigenes Jahrhundert eröffnete seine segensreiche Tätigkeit im Zeichen des Aspirins, ging dann zum Bolschewismus über und entschied sich in den fünfziger Jahren für das Fernsehen. Aus den Statistiken überentwickelter Länder geht hervor, daß heutzutage je drei Fernsehapparate einen Menschen besitzen.

Buchhaltung

Das Sozialministerium analysierte kürzlich den Ausgaben-Etat eines Durchschnittsbürgers, dessen deklariertes Monatseinkommen 1590 Mark brutto oder 610 Mark netto betrug und sich auf folgende Posten verteilte:

Hypothek	560
Fernsehgebühr	80
Pkw	140
Telefonrechnung	1050
Haushaltshilfe	400
Versicherung	92
Bücher, Theater, Museen	3
Schnitzel	510
Kleidung	100
Urlaub	350
Verschiedenes	<u>2010</u>
Summe	610

Bürgerkrieg

»Herr Minister«, sagte ich ehrerbietig, »es gibt hierzulande Bürger, die mehr Steuern zahlen, als sie verdienen.«
»Es mag sich um eine Differenz von höchstens 2 bis 3% handeln«, erwiderte seine Exzellenz, »das bedeutet noch lange keinen Weltuntergang.«
»Ja, aber wenn das so ist, wozu soll man dann überhaupt noch arbeiten?«
»Um die Familie zu ernähren.«

Cash

»Seien Sie nur ja vorsichtig, mein Herr«, warnte mich ein Taxichauffeur in Budapest, »wenn man hier jemanden im Besitz illegal erworbener Devisen erwischt, so landet er glatt für fünf Jahre hinter Gittern...«
»Gesetz ist Gesetz«, stimmte ich zu und fragte, »was schulde ich Ihnen für die Fahrt?«
»Sechzig Forint«, antwortete der Taxifahrer, »aber wenn Sie in schwarzen Devisen zahlen, so berechne ich Ihnen einen phantastischen Wechselkurs von 21 Forint pro Mark...«

Chinesisch

Ungefähr die Hälfte der Menschheit besteht aus Frauen, und wenn es ihnen eines Tages einfallen sollte, sich ähnlich wie die Volksrepublik China auf sich selbst zu besinnen und eine Schwerindustrie ins Leben zu rufen, würden sie über kurz oder lang die Welt beherrschen.

Clever

Er klettert alle Stiegen hinauf, läutet an allen Wohnungstüren und hebt, wenn eine Tür sich öffnet, seinen kleinen Handkoffer ein wenig vom Boden ab:
»Zahnbürsten?«

»Danke, nein.«
»Kämme?«
»Nein!«
»Toilettenpapier? Seife? Rasierklingen?«
»Ja. Geben Sie mir eine Rasierklinge.«
»Zahnbürsten?«
»Ich wollte eine Rasierklinge haben.«
»Kämme?«
»Verstehen Sie nicht? Sie sollen mir eine Rasierklinge geben!«
»Warum?«
Ich riß ihm den Koffer aus der Hand und öffnete ihn. Der Koffer war leer.
»Was heißt das?«
»Noch nie hat jemand etwas von mir gekauft. Wozu soll ich das ganze Zeug mit mir herumschleppen?«
»Aber warum steigen Sie denn dann die vielen Stiegen hinauf und läuten an jeder Tür?«
»Weil man sich irgendwie sein Brot verdienen muß, Herr!«

Darlehen

Um zu Geld zu kommen, gibt es zwei Möglichkeiten: entweder man überfällt eine Bank oder man nimmt ein Darlehen auf. In Israel muß man eine Bank überfallen, um ein Darlehen aufzunehmen.

Egalität

Soziale Gerechtigkeit bedeutet, daß die Armen Groschen hinterziehen und die Reichen Millionen.

Eiserne Logik

Wenn 10000 Steuerbeamte pro Jahr 10 Milliarden einheben können, sagten die Haushaltsplaner, so müßten 20000 Steuerbeamte 20 Milliarden einheben können. 200000 Beamte kassieren demnach mit Gottes Hilfe...

Endziel

Unter allgemeinem Wohlstand verstehe ich, daß sich auch Hausgehilfinnen Hausgehilfinnen halten.

Entwicklungshilfe

Das Kolchosensystem funktioniert noch immer nicht ganz makellos. Nach den letzten 68 Jahren zu urteilen, funktioniert es eigentlich nur dann, wenn die krisengeschüttelten amerikanischen Geschäftemacher der UdSSR pro Jahr zehn Millionen Tonnen Getreide verkaufen.

Erfahrung

Es hat sich eine schöne Tradition ergeben, derzufolge fast jeder ehemalige Steuerinspektor sofort nach seiner Pensionierung, unter Umständen sogar schon lange davor – aus Gründen der Ausgewogenheit natürlich –, eine private Steuerberatungskanzlei eröffnet. Daß er sich eines großen Zulaufs erfreut, ist ganz klar, weil jedermann zu Recht annehmen muß, daß niemand die edle Kunst des Betrügens besser beherrscht als er.

Evolution

Der Sturz des kapitalistischen Systems ist unvermeidlich. Er wird durch die Einkommensteuer erreicht werden.

Finanzgenies

In der Schweiz sind vorläufig keine größeren Wirtschaftskrisen zu erwarten, denn die menschenscheuen Lenker dieses Landes vermeiden die Zusammenarbeit mit den Finanzleuten anderer Länder. Dank dieser Hemmungen befindet sich nahezu die Hälfte des internationalen Kapitals in den Tresoren von Schweizer Banken.

Freiwilliger

Der heutige Steuerzahler arbeitet zwei Monate und eine Woche im Jahr für sich und seine Familie. Während der restlichen neun Monate und drei Wochen, ab 7. März also, arbeitet er für wildfremde Menschen.

Geld

Viele Menschen, manchmal gerade besonders kluge, meinen, daß Geld alles ist.
Sie haben recht.

Gesellschaft, klassenlose

Das Trinkgeld fördert die soziale Gleichstellung. Der Kellner, der am Morgen den gegenüberliegenden Frisiersalon aufsucht, verabschiedet sich dort mit einem reichlichen Trinkgeld, und wenn der Friseur am Mittag im gegenüberliegenden Restaurant seine Mahlzeit eingenommen hat, gibt er dem Kellner das reichliche Trinkgeld wieder zurück. Das beweist ein vollkommenes Gleichgewicht zwischen zwei verschiedenen Klassen und stellt einen wichtigen Schritt in Richtung klassenlose Gesellschaft dar.

Gewerkschaft

Die Gewerkschaft ist ein typisch sozialistisches Phänomen. Als Sozialist ist man von den hervorragend organisierten Gewerkschaften begeistert, als Mensch kann man sie nicht ausstehen, weil sie einen zwingen, sich zu organisieren.

Handel

Zu den altehrwürdigen jüdischen Beschäftigungen gehört das Kaufen und Verkaufen von alten, völlig unbrauchbaren Gegenständen, vorzugsweise aus dem Haushalt, und von alten Kleidern. Die Hausfrau ist froh, den Plunder loszuwerden, aber die wirkliche Freude besteht natürlich im Handeln. Man verlangt zum Beispiel die runde Summe von hundert Pfund. Der blutsaugerische Händler antwortet mit einem Gegenangebot von fünfundzwanzig Piastern. Zum Schluß trifft man sich auf halbem Weg und verkauft das Zeug um fünfundzwanzig Piaster.

Handelsspanne

Dem privaten Unternehmertum öffnet sich in unserem winzig kleinen Land ein unabsehbar weites und fruchtbares Feld.
Wenn es zum Beispiel ruchbar wird, daß ein Neueinwanderer die Einfuhrgenehmigung für eine Schach-

tel Nähnadeln bekommen hat, verfällt der Nähnadelmarkt sofort in wilde Panik, weil eine Schachtel Nähnadeln die Bedürfnisse des Landes auf fünf Jahre hinaus deckt. In solchen Fällen werden unsere Finanzgenies mit Sicherheit irgendeine geniale Lösung finden; etwa indem sie alle vorhandenen Nähnadelvorräte für einen Pappenstiel aufkaufen, die Schachtel des Neueinwanderers ins Meer werfen und Unsummen an der Profitspanne verdienen. Es ist nicht einmal unbedingt nötig, daß in der betreffenden Schachtel auch wirklich Nähnadeln sind. Hauptsache, daß eine Schachtel oder ein schachtelähnlicher Gegenstand ins Meer geworfen wird.

Hochindustrialisierung

Was den technischen Fortschritt betrifft, so hält der winzige Fleck, der auf der Landkarte des Nahen Ostens den Staat Israel repräsentiert, natürlich keinen Vergleich mit dem hochindustrialisierten Westen aus. Man wird somit den Stolz ermessen können, der uns alle durchdrang, als eine israelische Elektronikfirma das ausgefeilteste Diebstahlsicherungsalarmsystem entwickelte, das jemals auf dem Weltmarkt angeboten wurde. Kurz darauf fielen die Konstruktionspläne direkt unter der Nase des Alarmsystems nächtlichen Einbrechern in die Hände. Die Fabrik zögerte keinen Augenblick, alle nötigen Konsequenzen zu ziehen, stellte einen alten Beduinen als Nachtwächter ein und verkauft seither ihr ausgefeiltes Produkt nur noch auf dem israelischen Markt.

Hochstapelei

Eine an ständigem Defizit krankende Regierung hat eine auf der Hand liegende Lösung, ihr Budget in Ordnung zu bringen: Sie druckt mehrere Milliarden kleiner Papierzettel mit den Porträts verstorbener Staatsmänner.

Inflation

»Also, Sie wollen mit Ihrem Unternehmen Konkurs anmelden.«
»Ja, Herr Konkursverwalter, wir haben keine andere Wahl.«
»Was für ein Unternehmen war das?«
»Falschgeld.«

Koinzidenz

Ein höchst überraschendes Zusammentreffen war, daß die blühende österreichische Wirtschaft exakt in jener Sekunde, da der Wirtschaftsvirtuose Bruno Kreisky sich pensionieren ließ, unter dem Übergewicht ihrer öffentlichen Schulden einfach zusammengebrochen ist.

Kommunismus

Der Kommunismus ist eine großartige Theorie. Das Unglück besteht darin, daß er sich in die Praxis umsetzen läßt.

Kompensation

Die Höhe des Trinkgelds richtet sich nach der Festigkeit des Charakters. Je unsicherer man sich fühlt, desto höher wird die Bestechungssumme sein, die man für ein paar flüchtige Augenblicke der Selbstbestätigung zu zahlen bereit ist.

Korrekt

Niemals werde ich jenen Schuhmacher in der Bronx vergessen, der in seinem Fenster ein großes Plakat mit der Aufschrift hängen hatte: »Hier werden Ihre Schuhe repariert, während Sie warten.«
Er brauchte zur Reparatur meiner Schuhe drei volle Wochen, aber es läßt sich nicht leugnen, daß ich während dieser drei Wochen tatsächlich auf die Reparatur gewartet habe.

Landwirtschaft

Unsere Kibbuzim, die ursprünglich als rein landwirtschaftliche Siedlungen gedacht waren, haben ihre

Tätigkeit mittlerweile auch auf andere Gebiete der Volkswirtschaft ausgedehnt. Einige begannen ihre Traktoren selbst herzustellen und warfen sich dann aus purer Profitgier auf den Brückenbau, andere verbessern ihre Einkünfte durch die Erzeugung kosmetischer Gebrauchsartikel, und im Süden des Landes gibt es einen Kibbuz, der sich nach einer Mißernte durch psychoanalytische Traumdeutungen vor dem Bankrott retten konnte.

Lebensweisheit

Alles in der Welt kann dem Menschen genommen werden, nur das eine nicht: was er gegessen hat.

Marxismus

Das Bedürfnis, die Menschheit zu retten, notfalls auch gegen ihren Willen.

Massenpsychologie

Man kann viele Leute einige Zeit und einige Leute lange Zeit betrügen, aber alle lassen sich ewig zum Narren halten.

Monetarische Krise

Es ist nicht überraschend, daß es Leute gibt, die behaupten, daß das Geld die Wurzel allen Übels sei. Man mag zu diesem Ausspruch stehen, wie man will, aber in Zeiten der Geldabwertung ist viel Wahres daran. Denken wir doch an die bedeutenden Worte, die der große Sokrates seinen Schülern auf den Weg gab:
»Für den Weisen, der um die wahren Werte des Lebens weiß, ist Geld wertlos«, sagte der griechische Philosoph. »Der Weise hortet Geld und Brillanten.« Wenn mich die Erinnerung nicht täuscht, so wurde Sokrates von der Athener Regierung wenige Stunden vor einer Drachmen-Abwertung öffentlich vergiftet.

Nebenbeschäftigung

Angesichts der herrschenden Überproduktion von Steuern, Zöllen, Darlehenszinsen, Abzügen, Zuschlägen, Aufschlägen und neuen Zöllen – müssen die Israeli mehr arbeiten, um sich zusätzliche Einnahmequellen zu schaffen.

Hier ein Querschnitt durch die Recherchen eines privaten Marktforschungsinstitutes:

R. L. Hauptberuf: städtischer Ingenieur. Verkauft in seiner Freizeit Lotterielose. Seine Frau stopft berufsmäßig Strümpfe. Während der Mittagspause singt er im gemischten Unterhaltungsprogramm des Rundfunks.

K. N. Hauptberuf: Kassier. Seit siebenunddreißig Jahren in derselben Firma beschäftigt. Arbeitet bis Mitternacht als Akrobat, von Mitternacht bis 8 Uhr früh als Nachtwächter. Entschuldigt sich von Zeit zu Zeit mit Magenkrämpfen von seiner Büroarbeit und näht zu Hause Hemden.

A. P. Hauptberuf: Bibelexperte. Arbeitet nachmittags als Testpilot. Hat zwei Söhne und eine Tochter an Missionare verkauft. Tanzt bei Hochzeiten. Studiert Panzerschrankknacken.

T. A. bekleidet eine hohe Stelle im Schatzamt (Gehaltsklasse VIII). Ist an den Abenden als Liftboy beschäftigt. Unterrichtet an Sonn- und Feiertagen Hula-Hula. Schraubt in seinen Amtsräumen elektrische Birnen aus und verkauft sie. Urlaubsbeschäftigung: Spionage für eine fremde Macht.

Nostalgie

Die innige Sehnsucht nach jenen fernen Tagen, in denen alles so viel besser und schöner war, mit Ausnahme der zahlreichen Dinge, die ebenso beschissen waren, wie sie heute sind.

Optimal

In Amerika wurde eine landwirtschaftliche Maschine erfunden, die allerdings noch verbessert werden muß, weil sie zuviel Raum einnimmt. Sie pflanzt Kartoffeln, bewässert sie, erntet sie ab, wäscht sie, kocht sie und ißt sie auf.

Patent

Erfahrene Flugpassagiere begegnen dem Übergewichtsproblem durch die sogenannte Kästchenstrategie. Sie besteht darin, daß man in einem Garderobekästchen, wie es gegen geringes Münzentgelt auf jedem Flughafen gemietet werden kann, den Inhalt der Handtasche verstaut und mit der leeren Handtasche zum Schalter geht, wo man sie bereitwillig auf die Waage stellt und das unentbehrliche Etikett ausgefolgt bekommt. Zurück zum Kästchen – hinein mit dem Übergewicht in die Handtasche zum Flugzeug – und das Leben ist wieder lebenswert.

Portofrei

Statt *meiner* Adresse schreibe *deine* auf den Briefumschlag, und links unten, wo der Absender steht, kommt *meine* Adresse hin. Was geschieht? Auf dem Postamt sehen sie, daß der Brief nicht frankiert ist, und schicken ihn mit einem Stempel, der dich zur

Bezahlung des Portos auffordert, an mich als den vermeintlichen Absender zurück. Kapiert?

Produktionsmethode

Jedes Land hat bestimmte Produktionsmethoden, die bestimmte Charakteristika aufweisen. Zweckmäßige Verpackung kennzeichnet die amerikanischen Produkte, Präzisionsarbeit ist typisch für die Schweiz, am niedrigen Preis erkennt man die japanische Herkunft einer Ware. In Israel gibt es eine Produktionsmethode, die sich – rein technologisch – wie folgt formulieren ließe:
»Der israelische Handwerker ist physisch und geistig außerstande, jene Anzahl von Schrauben anzubringen, die mit der Anzahl der Löcher übereinstimmt, welche zur Anbringung von Schrauben vorgesehen sind.«

Provokation

Die berühmten israelischen Kibbuzim sind ein Unikum in der Geschichte: die einzigen landwirtschaftlichen Kollektive, die auf freiwilliger Basis errichtet wurden und die ohne Geheimpolizei, Schnellgerichte und Hinrichtungskommandos weiterbestehen. Die Sowjetunion hat gegen diese Provokation wiederholt Einspruch erhoben.

Rationell

Israelische Frauen verabscheuen nichts so sehr wie ihre Haushaltspflichten – aus Gründen der Hitze, der Plackerei und überhaupt. Selbst Mütter ziehen es vor, schlecht bezahlte, anstrengende Posten zu übernehmen und für das so verdiente Geld eine Haushälterin zu engagieren, nur damit sie selbst mit ihrem Haushalt nichts zu tun haben. Die beste Lösung wäre natürlich, wenn immer je zwei Ehefrauen übereinkämen, für ein identisches Salär ihre Haushalte gegenseitig zu betreuen.

Reizwort

Wenn der Durchschnittsbürger das Wort Einkommensteuer hört, beginnt er am Himmel nach unbekannten Flugobjekten zu suchen und benimmt sich wie ein kleiner Gangster, der von der Polizei über die sizilianische Mafia verhört wird.

Ruhekissen

Schwerarbeiter schlafen gut. Spekulanten schlafen besser.

Schuldkomplex

Nichts auf der Welt ist so schwer zu ertragen wie eine moralische Schuld. Außer einer finanziellen Schuld. Eine Kombination dieser beiden ist absolut mörderisch.

Schweiz

Der Reisende, der in Mailand einen Zug in nördlicher Richtung besteigt, wird nach einigen Stunden Fahrt eine seltsame Verwandlung beobachten können: die Waggons haben plötzlich zu quietschen aufgehört, die Fahrgäste bringen fieberhaft ihr Äußeres in Ordnung und klauben alle Papierschnitzel vom Boden weg, das Geräusch der Räder läßt einen klaren Rhythmus erkennen, und sogar die Fenster werden wie durch Zauberschlag durchsichtig. Dann durchfährt der Zug einen dieser unvermeidlichen, endlos langen Tunnels – und wenn er wieder ins Freie kommt, ist man in der Schweiz.
Die Schweiz ist der Traum des Kleinbürgers. Und des Großbürgers. Und der Sozialisten. Und der Revolutionäre und Konservativen und Nihilisten. Die Schweiz, kurzum, ist der Inbegriff aller menschlichen Sehnsüchte. Wohin man blickt, herrscht Ruhe, Ordnung, Disziplin, Hygiene, Fleiß und Moral.
Ist das nicht furchtbar?

Sekretärin

Die Sekretärin ist eine zu den Geißeln der Menschheit gehörende anmutige Schlange, die für ein monatliches Gehalt ihre zerstörerischen Kräfte entfaltet.

Selbstlos

»Liebe deinen Nächsten wie dich selbst«, lautet ein altes hebräisches Gebot, das, wie man weiß, allgemein respektiert und befolgt wird.
Seine etwas vulgäre Fassung ist das Sprichwort: »Was du nicht willst, daß man dir tu, das füg auch keinem andern zu.«
Jedenfalls empfiehlt es sich, seinem Nächsten kein Geld zu borgen. Denn wer möchte selbst in die Lage geraten, seinem Nächsten Geld schuldig zu sein?

Sozialarbeit

Ein gewöhnlicher Gewerkschaftsboß verfügt heutzutage über ein vollklimatisiertes Büro sowie eine wohltemperierte Sekretärin und verdient, ohne einen Finger krumm zu machen, dreimal soviel wie ein Arbeiter. Und wofür verdient er das Dreifache? Um Streiks zu organisieren. Er ist eine von der Firmenleitung überbezahlte Zeitbombe. Etwa sechs Wochen nach seiner Neuwahl beginnt er zu ticken, nach drei Monaten kündigt er einen wilden Streik an, und innerhalb von einem Jahr sprengt er das Unternehmen in die Luft.

Sport

Es geht im Sport nicht nur ums Geschäft. Es geht auch darum, daß die Fans nichts davon merken.

Steuer

Jedes Volk bekämpft die Steuerbehörde entsprechend seinem Nationalcharakter. Die Italiener hören ganz einfach zu arbeiten auf und lassen sich am Meeresstrand bräunen. Die Amerikaner ergehen sich in steuerfreien Spenden und Stiftungen und lassen sich dafür als Philanthropen feiern. Die Engländer berauben Postzüge, ohne die Beute zu versteuern. Der Israeli denunziert sich selbst als Steuerbetrüger, um die dafür ausgesetzte hohe Belohnung zu bekommen.

Streik

Jeder Industrielle weiß, daß es zu seinen vornehmsten Pflichten gehört, mindestens einmal vierteljährlich seinen Arbeitern einen halbwegs brauchbaren Vorwand für einen Streik zu liefern. Verstößt er gegen diese Pflicht, dann gibt es nur noch eins: streiken.

Sündig

Heute könnte sich Frau Lot getrost umwenden. Wo einst die sündigen Städte Sodom und Gomorrha standen, würde sie die neuen israelischen Pottasche-Werke erblicken, deren einzige Sünde darin besteht, daß sie mit Verlust arbeiten.

Supermen

Die USA sind das Land der unbegrenzten Möglichkeiten, sich wirtschaftlich zugrunde zu richten.

Tarif

In den Restaurants gibt man für gewöhnlich zehn Prozent vom Gesamtbetrag, im Theater fünfzehn Prozent von der Kragenweite des Billeteurs, und für eine Auskunft, wo die gesuchte Straße liegt, fünf Prozent vom Alter des Auskunftgebers. Wer sichergehen will, gibt das Trinkgeld in kleinen Münzen, und zwar so lange, bis der Empfänger zu lächeln beginnt. Bei Taxichauffeuren kann das leicht ruinös werden, denn Taxichauffeure lächeln nie. Hier zahlt man so lange, bis der Mann zu schimpfen aufhört.

Teilerfolg

Eine Industrie, die blühen und gedeihen will, braucht ein großes Reservoir organisierter, tüchtiger, geschickter, fachkundiger, leistungsfähiger Arbeitskräfte. Organisiert sind sie schon.

Understatement

»Ich verlange 65% vom Verkauf meiner Bilder.« Die vollen Kosten für Rahmen, Versicherung und PR gehen zu Ihren Lasten, ebenso sowie 70% der Reproduktionskosten. Außerdem will ich Ihre Buchhaltung regelmäßig kontrollieren.«
»Wer war das?« fragte ich die Galeriebesitzerin. »Ein naiver Maler.«

Unverschämtheit

Der überraschende Vorsprung der südkoreanischen Industrie beruht auf einem unfairen Wettbewerb: Es wird gearbeitet während der Arbeitszeit.

Verdienstgrenze

In der egalitären Gesellschaft bedeutet progressive Besteuerung, daß kein Mensch mehr verdienen darf als sein zuständiger Steuerreferent.

Versicherung

Der Bürger hat eine ganz einfache Möglichkeit, die unerbittlichen Steuergesetze auf legale Weise zu umgehen. Den Kinderwagen läßt er als Firmenfahrzeug registrieren und die Firma auf den Namen seiner Frau eintragen, dann versichert er seine Gattin gegen Feuer und zündet sie an.

Volkswirtschaft

Es gibt ein Urgesetz, welches besagt, daß jeder demokratisch gewählte Politiker bestrebt ist, bis zu seinem Tode – oder wenn möglich auch darüber hinaus – immer wieder gewählt zu werden. Daher muß er in seiner Amtszeit jeden unpopulären Schritt vermeiden. So ein Schritt könnte zwar die Wirtschaft gesunden lassen, aber sie könnte den Wähler irritieren. Vom Standpunkt des Politikers aus ist es bedeutend zielführender, die Wirtschaft zu irritieren und dafür den Wähler gesundzustoßen.

Währungsfonds

Der Dollar beruht auf dem Goldstandard, der Rubel auf der Geheimpolizei, das Israelische Pfund auf den Arabern. Das heißt: es beruht auf der Tatsache, daß unser Finanzminister, solange die Araber auf uns schießen, nichts dergleichen tut. Wenn es sich ab und zu ergibt, daß die Kampfhandlungen eine Zeitlang ruhen, erscheint am Horizont sogleich das Gespenst der Inflation.

Ware, ausländische

Wir in Israel haben eine unwiderstehliche Zuneigung zu ausländischen Waren, und zwar aus zwei Gründen. Erstens ist der Respekt vor allem Fremden noch ein Erbteil unserer jahrhundertelangen Unterdrückung in der Diaspora, und zweitens sind die ausländischen Produkte besser.

Wettbewerbswidrig

Wird heute in Italien eine neue Badewanne auf den Markt gebracht, die Badeöl ausscheidet und mittels eines Thermostates die Wasserwärme konstant hält, so erscheinen morgen in Italien die Badewannen von Mitsubishi, die alle diese Funktionen auch haben, darüber hinaus eine Reisegeschwindigkeit von dreißig Stundenkilometern bieten und Puccinis Opern in Quadrophonie spielen.

Wirtschaftswunder

Eines Tages beschloß Japan, den Uhrenweltmarkt unter die Lupe zu nehmen, und begann Schweizer

Uhren herzustellen, die genauso aussahen, genauso exakt liefen und genauso glänzten, jedoch nur die Hälfte kosteten. Danach entdeckten die Japaner Taschenrechner und Videogeräte, und die Welt wurde im Einheitsrhythmus eines selbstverständlich ebenfalls in Japan hergestellten Metronoms mit elektrischen Wundern überflutet, die sich im Vergleich mit europäischen Erzeugnissen als ebenbürtig erwiesen. Vielleicht deshalb, weil auch die europäischen Erzeugnisse in Japan hergestellt werden.

Wunder

Wenn der Finanzminister irgendeines anderen Landes in einer Kabinettssitzung verkündet: »Meine Herren, nur ein Wunder kann uns retten«, so bedeutet das, daß die betreffende Regierung, oder vielleicht das ganze Land, vor einer Katastrophe steht. In Israel bedeutet es nichts weiter, als daß das betreffende Wunder in den nächsten zwei, drei Tagen geschehen wird.

Zahlungsbilanz

Jedes neugeborene Kind in Israel hat im landesweiten Durchschnitt schon am Tage seiner Geburt eine Auslandsschuld von 5000 Dollar. Gleichzeitig schuldet unser Fiskus jedem dieser Neugeborenen im Moment seines ersten Schreis Inlandsschulden in

Höhe von 6500 Dollar. Unsere Zahlungsbilanz ist also beinahe ausgeglichen.

Zirkusakt

So ziemlich auf der ganzen Welt, im Nacken jedes produktiven Menschen, sitzen gemütlich dreieinhalb vom Staat besoldete Aufseher. Der erste Beamte registriert seine Existenz, der zweite sorgt für seine höchstmögliche Besteuerung, der dritte macht aus ihm einen organisierten Arbeitnehmer, und der halbe ist voll damit ausgelastet, seine Nackenmuskeln zu massieren.

Zweckmäßig

Was immer man gegen unsere Politiker einwenden mag – und das ist eine ganze Menge –, eines muß man ihnen lassen: Sie sind auf dem besten Weg, uns durch ihre weise Steuerpolitik vom Fluch des Geldes zu erlösen.

KISHON für ALLE FÄLLE

327 UNBRAUCHBARE LEBENSWEISHEITEN

LANGEN MÜLLER